胡适作品系列

胡适作品系列

个人自由与社会进步

北京大学出版社

图书在版编目（CIP）数据

个人自由与社会进步/胡适著．—北京：北京大学出版社，2013.8
（胡适作品系列）

ISBN 978-7-301-22193-8

Ⅰ．①个… Ⅱ．①胡… Ⅲ．①胡适（1891～1962）－文集 Ⅳ．①C52

中国版本图书馆 CIP 数据核字 (2013) 第 030433 号

书　　　名：	个人自由与社会进步
著作责任者：	胡　适 著
责 任 编 辑：	张文礼
标 准 书 号：	ISBN 978-7-301-22193-8/Ⅰ·2599
出 版 发 行：	北京大学出版社
地　　　址：	北京市海淀区成府路 205 号　100871
网　　　址：	http://www.pup.cn　新浪官方微博：@北京大学出版社
电 子 信 箱：	pkuwsz@126.com
电　　　话：	邮购部 62752015　发行部 62750672
	编辑部 62767315　出版部 62754962
印　　刷　者：	北京中科印刷有限公司
经　　销　者：	新华书店
	890 毫米×1240 毫米　32 开本　7.75 印张　142 千字
	2013 年 8 月第 1 版　2021 年 5 月第 5 次印刷
定　　　价：	39.00 元

未经许可，不得以任何方式复制或抄袭本书之部分或全部内容。
版权所有，侵权必究
举报电话：010-62752024　电子信箱：fd@pup.pku.edu.cn

1924年,胡适在北京住宅(钟鼓寺14号)院中。

胡适任北大校长后着手扩建北大,在原有三个学院基础上增设医、农、工三个学院,调整北大系科设置。图为胡适在北平励志社礼堂前留影。

胡适向美国总统罗斯福说明中美友好万人签名书。

1939年胡适送给来访的新任驻古巴公使李迪俊的照片,照片左侧题诗源自1938年10月31日胡适题赠陈光甫照片诗:"偶有几茎白发,心情已近中年,做了过河小卒,只许拼命向前。"

種桑長江邊,
三年望當採.
枝條始欲茂,
忽值山河改.
柯葉自摧折,
根株浮滄海.
本不植高原,
今日復何悔!

陶淵明擬古之九.
寫呈
廉青老伯
胡適
卅八.三.五.

胡适墨迹。1948年年底,胡适与傅斯年同在南京度岁,一边喝酒一边背诵陶渊明的《拟古诗》,翌年1月2日,胡适将这首诗抄在日记中。

胡适喜欢在旅行途中随意收集火柴盒。在驻美大使任内,经报纸披露,赠者日众,累积至五千余个。卸任后,都留在大使馆内。

胡适在中国驻美大使馆举行招待会,在场的有罗斯福夫人(胡适右一)、
著名作家赛珍珠(胡适右二)等。

出版说明

胡适是二十世纪中国最具国际声誉的学者、思想家和教育家。他在文、史、哲等学科都取得了巨大的成就，是"五四"以来影响中国文化学术最深的历史人物。他活跃于社会政治领域，是中国自由主义最具诠释力的思想家。胡适在北京大学从事教学工作长达十八年，曾任北京大学文学院院长、校长等职。他对北大情有独钟，遗嘱中交代将他留在大陆的书籍和文件捐赠给北大图书馆。为反映这位文化巨人一生博大精深的文化建树，本社在北大百年校庆的1998年曾隆重推出一套大型胡适作品集——《胡适文集》（12册），对所收作品均作了文字订正和校勘，其中有一部分作品，采用了胡适本人后来的校订本或北大的收藏本，具有很高的文献价值，受到学界和广大读者的欢迎。

因文集早已售缺，多年来，一直有要求重印的呼声。此次重印，此套书的编者欧阳哲生先生又精心做了许多工作，包括对照已出各种版本的优长，重核胡适本人原始和修订版的文字等，力求呈现最接近大师本人原意的文字面貌。为方便读者阅读，我们从《胡适文集》之中精选部分内容，另外推出"胡适作品系列"。

胡适一生未参加任何政党，但他对政治有"不感兴趣的兴趣"，并将之视为一个知识分子的责任。他曾经参与主编《每周评论》，创刊《努力周报》、《新月》、《独立评论》等刊，发表了大量政论时评文章，极力提倡民主、思想自由。本书主要收录了胡适论述"五四"运动及与青年、个人和社会等问题相关的文章。

由于所处环境不同，研究视角与方法不同，本书对某些具体问题的描述和解释，与通行说法有不尽相同之处，对这些说法，我们未作删改，这并不代表我们完全同意作者的说法，请读者在阅读时认真鉴别。本书的人名、地名、标点等，有的与现行用法不同，为保存原貌，亦未加修改。

限于编辑水平，难免存在错漏之处，欢迎读者多提宝贵意见。

北京大学出版社
2013年5月

目 录

争取学术独立的十年计划　　　　　　　　　　/ 1
纪念"五四"　　　　　　　　　　　　　　　　/ 7
个人自由与社会进步　　　　　　　　　　　　/ 21
"五四"的第二十八周年　　　　　　　　　　　/ 28
爱国运动与求学　　　　　　　　　　　　　　/ 34
非个人主义的新生活　　　　　　　　　　　　/ 42
人生有何意义　　　　　　　　　　　　　　　/ 55
"宁鸣而死，不默而生"　　　　　　　　　　　/ 57
中国公学十八年级毕业赠言　　　　　　　　　/ 64
赠与今年的大学毕业生　　　　　　　　　　　/ 66
北大哲学系毕业纪念赠言　　　　　　　　　　/ 74
北京大学五十周年　　　　　　　　　　　　　/ 76
为学生运动进一言　　　　　　　　　　　　　/ 81
再论学生运动　　　　　　　　　　　　　　　/ 87

《独立评论》引言 / 92

《独立评论》的一周年 / 94

又大一岁了 / 101

《独立评论》的四周年 / 107

《新青年》重印题辞 / 113

青年人的苦闷 / 114

后生可畏 / 121

回顾与反省 / 123

我们对于学生的希望 / 126

我对于运动会的感想 / 137

刘治熙《爱国运动与求学》的来信附言 / 139

新年的好梦 / 142

文化的冲突 / 145

东西文化之比较 / 157

论学潮 / 175

胡适为《东方杂志·新年的梦想》栏所写的应征答案 / 181

为新生活运动进一解 / 183

整整三年了! / 188

读经平议 / 193

我们今日还不配读经 / 199

写在孔子诞辰纪念之后 / 207

慈幼的问题 / 216

教育破产的救济方法还是教育 / 222

从私立学校谈到燕京大学 / 229

争取学术独立的十年计划

我很深切的感觉中国的高等教育应该有一个自觉的十年计划,其目的是要在十年之中建立起中国学术独立的基础。

我说的"学术独立",当然不是一班守旧的人们心里想的"汉家自有学术,何必远法欧美"。我决不想中国今后的学术可以脱离现代世界的学术而自己寻出一条孤立的途径,我也决不主张十年之后就可以没有留学外国的中国学者了。

我所谓"学术独立"必须具有四个条件:(一)世界现代学术的基本训练,中国自己应该有大学可以充分担负,不必向国外去寻求。(二)受了基本训练的人才,在国内应该有设备够用与师资良好的地方,可以继续做专门的科学研究。(三)本国需要解决的科学问题、工业问题、医药与公共卫生问题、国防工业问题等等,在国内都应该有适宜的专门人才与研究机构可以帮助社会国家寻求得解决。(四)对于现代世界的学术，本国的学人与研究机关应该和世界各国的学人与研究机关分工合作，共同担负人类学术进展的责任。

要做到这样的学术独立，我们必须及早准备一个良好的，坚实的基础。所以我提议，中国此时应该有一个大学教育的十年计划。在十年之内，集中国家的最大力量，培植五个到十个成绩最好的大学，使他们尽力发展他们的研究工作，使他们成为第一流的学术中心，使他们成为国家学术独立的根据地。

这个十年计划也可以分做两个阶段。第一个五年，先培植起五个大学；五年之后，再加上五个大学。这个分两期的方法有几种好处：第一，国家的人才与财力恐怕不够同时发展十个第一流的大学；第二，先用国家力量培植五所大学，可以鼓励其他大学努力向上，争取第二期五个大学的地位。

我提议的十年计划，当然不是只顾到那五个十个大学而不要其余的大学和学院了。说的详细一点，我提议：

（一）政府应该下大决心，在十年之内，不再添设大学或独立学院。

（二）本年宪法生效之后，政府必须严格实行宪法第一百六十四条的规定："教育文化科学之经费，在中央不得少于其预算总额百分之十五，在省不得少于其预算总额百分之二十五，在市县不得少于其预算总额百分之三十五。"全国人民与人民团体应该随时监督各级政府严格执行。

（三）政府应该有一个高等教育的十年计划，分两期施行。

（四）在第一个五年里，挑选五个大学，用最大的力量培植他们，特别发展他们的研究所，使他们能在已有的基础之上，在短期间内，发展成为现代学术的重要中心。

（五）在第二个五年里，继续培植前期五个大学之外，再挑选五个大学，用同样的大力量培植他们，特别发展他们的研究所，使他们在短期内发展成为现代学术的重要中心。

（六）在这十年里，对于其余的四十多个国立大学和独立学院，政府应该充分增加他们的经费，扩充他们的设备，使他们有继续整顿发展的机会，使他们成为各地最好的大学。对于有成绩的私立大学和独立学院，政府也应该继续民国二十二年以来补助私立学校的政策，给他们适当的补助费，使他们能继续发展。

（七）在选择每一期的五个大学之中，私立的学校与国立的学校应该有同样被挑选的机会。选择的标准应该注重人才、设备、研究成绩。

（八）这个十年计划应该包括整个大学教育制度的革新，也应该包括"大学"的观念的根本改换。近年所争的几个学院以上才可称大学，简直是无谓之争。今后中国的大学教育应该朝着研究院的方向去发展，凡能训练研究工作的人才的，凡有教授与研究生做独立的科学研究的，才是真正的大学。凡只能完成四年本科教育的，尽管有十院七八十系，都不算是将来的最高学府。从这个新的"大学"观念出发，现行的大学制度应该及早彻底修正，多多减除行政衙门的干涉，多多增加学术机关的自由与责任。例如现行的学位授予法，其中博士学位的规定最足以阻碍大学研究所的发展。这部分的法令公布了十六年，至今不能实行，政府应该早日接受去年中央研究院评议会的建议："博士候选人之平时研究工作及博士论文，均应由政府核准设立研究所五年以上并经特许收受博士候选人之大学或独立学院自行审查考试，审查考试合格者，由该校院授予博士学位。"今日为了要提倡独立的科学研究，为了要提高各大学研究的尊严，为了要减少出洋镀金的社会心理，都不可不修正学位授予法，让国内有资格的大学自己担负授予博士学位的责任。

这是我的建议的大概。这里面我认为最重要又最简单易行而收效最大最速的，是用国家最大力量培植五个到十个大学的计划。眼前的人才实在不够分配到一百多个大学与学院去。（照去年夏天的统计，全国有廿八个国立大学，十八个国立学院，二十个私立大学，十三个省立学院，廿一个私立学院，共一百个。此外还有四十八个公私立专科学校。）试问中国第一流物理学者，国内外合计，有多少人？中国专治西洋历史有成绩的，国内外合计，有多少人？这都是大学必不可少的学科，而人才稀少如此。学术的发达，人才是第一要件。我们必须集中第一流的人才，替他们造成最适宜的工作条件，使他们可以自己做研究，使他们可以替全国训练将来的师资与工作人员。有了这五个十个最高学府做学术研究的大本营，十年之后，我相信中国必可以在现代学术上得着独立的地位。

这不是我过分乐观的话，世界学术史上有许多事实可以使我说这样大胆的预言。

在我出世的那一年（1891），罗氏基金会决定捐出二千万美金来创办芝加哥大学，第一任校长哈勃尔（W.R.Harper）担任筹备的事，他周游全国，用当时空前的待遇（年俸七千五百元），选聘第一流人物做各院系的主任教授，美国没有的，他到英国、欧洲去挑。一年之后，人才齐备了，设备够用了，开学之日，芝加哥大学就被公认为第一流大学。一个私家基金会能做到的事，一个堂堂的国家当然更容易做得到。

更数上去十多年，1876年，吉尔门校长（D.C.Gilman）创立霍铿斯大学，专力提倡研究的工作。那时候，美国的大学还都只有大学本科的教育。耶鲁大学的研究院成立于1871年，哈佛大学的研究院成立于1872年，吉尔门在霍铿斯大学才创立了专办研究院的新式大学，打开了"大学是研究院"的新风气。当时霍铿斯大学的人才盛极一时，哲学家如杜威，如罗以斯（Royce），经济学家如伊黎（Ely），政治学家如威尔逊总统，都是霍铿斯大学研究院出来的博士。在医学方面，当霍铿斯大学开办时（1876），美国全国还没有一个医学院是有研究实验室的设备的！吉尔门校长选聘了几个有研究成绩的青年医学家，如倭斯勒（Osler），韦尔渠（Welch）诸人，创立了第一个注重研究提倡实验的医学院，就奠定了美国新医学的基础。所以美国史家都承认美国学术独立的风气是从吉尔门校长创立大学研究院开始的。一个私人能倡导的风气，一个堂堂的国家当然更容易做得到。

所以我深信，用国家的大力来造成五个十个第一流大学，一定可以在短期间内做到学术独立的地位。我深信，只有这样集中人才，集中设备，只有这一个方法可以使我们这个国家走上学术独立的路。

卅六，九，十八，第十六个九一八周年纪念日
（原载1947年9月28日《中央日报》）

纪念"五四"

"五四"是十六年前的一个可纪念的日子。民国八年五月四日（星期）下午，北京的十几个学校的几千学生集会在天安门，人人手里拿着一面白旗，写着"还我青岛"，"诛卖国贼曹汝霖、陆宗舆、章宗祥"，"日本人之孝子贤孙四大金刚三上将"等等字样。他们整队出中华门，前面两面很大的国旗，中间夹着一付挽联，上款是"曹汝霖、陆宗舆、章宗祥遗臭千古"。下款是"北京学界泪挽"。他们沿路散了许多传单，其中最重要的一张传单是这样写的：

北京学界全体宣言

现在日本在万国和会要求并吞青岛，管理山东一切权利，就要成功了！他们的外交大胜利了！我们的外交大失败了！山东大势一去，就是破坏中国的领土！中国的领土破坏，中国就亡了！所以我们学界今天排队到各国公使馆去要求各国出来维持公理。务望全国工商各界一律起来设法开国民大会，外争主权，内除国贼。中国存亡，就在此一举了！今与全国同胞立两个信条道：

中国的土地可以征服而不可以断送！

中国人民可以杀戮而不可以低头！国亡了！同胞起来呀！

他们到东交民巷西口，被使馆界巡警阻止不得通过，他们只能到美国使馆递了一个说帖，又举了六个代表到英、法、意三国使馆去递说帖。因为是星期日，各国公使都不在使馆，只有参赞出来接见，表示同情。

大队退出东交民巷，经过户部街，东长安街，东单牌楼，石大人胡同，一直到赵家楼的曹汝霖住宅。曹家的大门紧闭，大家齐喊"卖国贼呀！"曹宅周围有一两百警察，都站着不动。有些学生用旗杆捣下房上的瓦片，有几个学生爬上墙去，跳进屋去，把大门打开，大家就拥进去了。这一天，曹汝霖和章宗祥都在这屋里，群众人太多了，反寻不着这两个人。他们捉到曹汝霖的爹，小儿子，小老婆，都放了出去。他们打毁了不少的家具。后来他们捉到了章宗祥（驻日公使），打了他一顿，打的头破血流。这时候，有人放了火，火势大了，学生才跑出去。警察总监吴炳湘带队赶到，大众已散去了，只捉去了在路上落后的三十三个人。

这是"五四"那天的经过。（那时我在上海，以上的记载是根据《每周评论》第二十一期的材料。）

这一天的怒潮引起了全国的波动。北京政府最初采用压迫的手段，拘捕学生，封禁《益世报》，监视《晨报》、《国民公报》，下令褒奖曹、陆、章三人的功绩。学生被拘禁了四天，由各校校长保释了。北京各校的学生天天组织露天讲演队，劝买国货，宣传对日本的经济抵制。全国各地的学生也纷纷响应。日本政府来了几次抗议，使中国青年格外愤慨。这样闹了一个多月，到6月3日，北京政府决心作大规模的压迫，开始捉拿满街讲演的学生。6月4日，各校学生联合会也决议更大规模的爱国讲演。6月3、4两日被捉的学生约有两千多人，都被拘禁在北河沿北京大学法科。越捉越多，北大法科容不下了，马神庙的北大理科也被围作临时监狱了。5日的下午，各校派大队出发讲演，合计三千多人，分做三个大纵队：从顺治门到崇文门，从东单牌楼到西单牌楼，都有讲演队，捉也无从捉起了。政府才改变办法：只赶跑听众，不拘捕学生了。

那两天，两千多学生被关在北大法科理科两处，北河沿一带扎了二十个帐棚,有陆军第九师,步兵一营和第十五团驻扎围守,从东华门直到北大法科,全是兵士帐棚。我们看6月4日警察厅致北京大学的公函,可以想象当日的情状:

> 径启者:昨夜及本日迭有各学校学生一二千人在各街市游行演说,当经本厅遵照五月二十五日大总统命令,派出员警尽力制止,百般劝解,该学生等终不服从,犹复强行演说。当时地方秩序颇形扰乱,本厅商承警备总司令部,为维持公安计,不得已将各校学生分送北京大学法科及理科,酌派军警监护,另案呈请政府,听候解决。惟各该校人数众多,所有饮食用具,应请贵校速予筹备,以资应用。除函达教育部外,相应函达查照办理。此致北京大学。八年六月四日。

6月4日上海、天津得着北京大拘捕学生的电报,各地人民都很愤激,学生都罢课了,上海商人一致宣布罢市三天。天津商人也宣布罢市了。上海罢市消息传到北京,政府才惊慌了,5日下午,北河沿的军队悄悄的撤退了,二十个帐棚也撤掉了。

这回学生奋斗一个月的结果,最重要的有两点:一是曹汝霖、陆宗舆、章宗祥的免职,二是中国出席和会的代表不敢在断送山东的和约上签字。政府屈服了,青年胜利了(以上记载参用《每周评论》第二十五期的记事)。

"五四运动"一个名词,最早见于八年五月二十六日的《每周评论》(第二十三期)。一位署名"毅"的作者,——我不记得是谁的笔名了,——在那一期里写了一篇《五四运动的精神》,那篇文章是值得摘抄在这里的:

什么叫做"五四运动"呢?

民国八年五月四日北京学生几千人,因山东问题失败,在政府高压的底下,居然列队示威,作正当民意的表示。这是中国学生的创举,是中国教育界的创举,也是中国国民的创举。大家不可忘了!……这次运动里有三种真精神,可以关系中国民族的存亡。

第一,这次运动是学生牺牲的精神。……一班青年学生奋空拳,扬白手,和黑暗势力相斗,……这样的牺牲精神不磨灭,真是再造中国的元素。

第二,是社会裁制的精神。……这次学生虽然没有把他们(卖国贼)一个一个的打死,但是把他们在社会上的偶像打破了!以后的社会裁制更要多哩!……

第三,是民族自决的精神。……这次学生不问

> 政府,直接向公使团表示,是中国民族对外自决的第一声。不求政府,直接惩办卖国贼,是对内自决的第一声。

这篇文章发表在"五四运动"收到实际政治的效果之前,这里的三个评判是很公道的估计。

现在这个壮烈的运动已成了十六年前的史迹了。我们现在追叙这个运动的起源,当然不能不回想到那个在蔡元培先生领导之下的北京大学。蔡先生到北大,是在六年一月。在那两年之中,北大吸收了一班青年的教授,造成了一点研究学术和自由思想的风气。在现在看来,那种风气原算不得什么可惊异的东西。但在民国七八年之间,北大竟成了守旧势力和黑暗势力最仇视的中心。那个时代是安福俱乐部最得意的时代;那一班短见的政客和日本军阀财阀合作,成立了西原借款和中日军事协定。在那强邻的势力和金钱的庇护之下,黑暗的政治势力好像是安如泰山的了。当时在北方的新势力中心只有一个北京大学。蔡先生初到北大,第一天就提出"研究学术"的宗旨,这是不致引起政府疑忌的。稍稍引起社会注意的是陈独秀先生主办的《新青年》杂志,最初反对孔教,后来提倡白话文学,公然主张文学革命,渐渐向旧礼教旧文化挑战了。当时安福政权的护法大神是段祺瑞,而段祺瑞的脑筋是徐树铮。徐树铮是林纾的门生，颇自居于"卫道君子"之流。《新青年》的同人攻击旧文学与旧礼教，引起了林纾的反攻；林纾著了几篇短篇小说，登在上海《新申报》上，其中《荆生》一篇，很明显的攻击陈独秀、胡适、钱玄同三人，并且希望有个伟丈夫荆生出来，用重十八斤的铜锏，来制伏书痴。那篇小说的末尾有一唱三叹的论赞，中有云：

> 如此混浊世界，亦但有田生（陈）狄生（胡）足以自豪耳！安有荆生！

这是反激荆生的话，大家都很明白荆生暗射小徐将军，——荆徐都是州名。所以在八年的春初，北京早已闹起"新旧思潮之争"，北大早已被认为新思想的大本营了。

但单有文学礼教的争论，也许还不至于和政治势力作直接冲突。七年的《新青年》杂志是有意不谈政治的。不谈政治而专注意文艺思想的革新，那是我的主张居多。陈独秀，李大钊，高一涵诸先生都很注意政治的问题。蔡先生也是关心政治的改善的。这种政治兴趣的爆发是在欧战终了（七年十一月十一）的消息传来的时候。停战的电报传出之夜，全世界都发狂了，中国也传染着了一点狂热。北京各学校，十一月十四日到十六，放了三天假，庆祝协约国的战胜。那几天，"旌旗满街，电彩照耀，鼓乐喧阗，好不热闹！东交民巷以及天安门左近，游人拥挤不堪"（用陈独秀的克林德碑文中的话）。这时候，蔡先生（他本是主张参战的）的兴致最高，他在那三天庆祝之后，还向教育部借了天安门的露天讲台，约我们一班教授做了一天的对民众的"演说大会"（演说辞散见《新青年》五卷五号及六号）。他老人家也演说了好几次。

这样热烈的庆祝协约国的胜利，难道蔡先生和我们真相信"公理战胜强权"了吗？现在回想起来，我们在当时都不免有点"借他人之酒杯，浇自己之块磊"。我们大家都不满意于国内的政治和国际的现状，都渴望起一种变化，都渴望有一个推动现状的机会。那年十一月的世界狂热，我们认作一个世界大变局的起点，也想抓住它作为推动中国社会政治的起点。同时我们也不免都受了威尔逊大总统的"十四原则"的麻醉，也都期望这个新世界可以使民主政治过平安日子。蔡先生最热心，也最乐观，他在那演说大会上演说"黑暗与光明的消长"（《蔡先生言行录》页八四——九十），他说：

> 我们为什么开这个演说大会？因为大学职员的责任并不是专教几个学生，更要设法给人人都受一点大学教

育。在外国叫做平民大学。这一回的演说大会就是我国平民大学的起点。

这几句话可以显出蔡老先生的伟大精神。这是他第一次借机会把北京大学的使命扩大到研究学术的范围以外。他老人家忍了两年,此时他真忍不住了!他说:

> 但我们的演说大会何以开在这个时候呢?现在正是协约国战胜德国的消息传来,北京的人都高兴的了不得。请教为什么要这样高兴?
>
> 诸君不记得波斯拜火教吗?他用黑暗来比一切有害于人类的事,用光明来比一切有益于人类的事。所以说世界上有黑暗的神与光明的神相斗,光明必占胜利。这真是世界进化的状态。……距今一百三十年前的法国大革命,把国内政治上一切不平等黑暗主义都消灭了。现在世界大战争的结果,协约国占了胜利,定要把国际间一切不平等的黑暗主义都消灭了,别用光明主义来代他。
>
> 第一是黑暗的强权论消灭,光明的互助论发展。
> 第二是阴谋派消灭,正义派发展。
> 第三是武断(独裁)主义消灭,平民主义发展。

第四是种族偏见消灭，大同主义发展。

　　我们在十六七年后回头重读这篇伟大的演说，我们不承认蔡先生的乐观完全失败了。但我们不要忘记：第一，蔡先生当日的乐观是根据于他的哲学信仰上的乐观，他是诚意的信仰互助论必能战胜强权论的，所以他的乐观是有热力的，能感动人的。第二，他的乐观是当日（七年十一月）全世界渴望光明的人们同心一致的乐观，那"普天同庆"的乐观是有感动人的热力与传染性的。这种乐观是民国八年以后中国忽然呈现生气的一个根苗，而蔡先生就是散布那根苗的伟大领袖。若没有那种乐观，青年不会有信心，也决不会有"五四""六三"的壮烈运动起来。"五四"的事件固然是因为四月底巴黎和会的恶消息传来，威尔逊总统的理想主义完全被现实政治的妥协主义打消了，大家都深刻的感觉那六个月的乐观的幻灭。然而正因为有了那六个月的乐观与奢望，所以那四五月间的大失望能引起有热力的反动。况且我们看那几千学生5月4日在美国使馆门口高喊着"大美国万岁！威尔逊大总统万岁！大中华民国万岁！世界永久和平万岁！"我们不能不承认那引起全世界人类乐观的威尔逊主义在当日确是"五四"运动的一种原动力。蔡先生和当日的几个开明的政治家（如林长民、汪大燮）都是宣传威尔逊主义最出力的人。

蔡先生这篇演说的结语也是最值得注意的。他说：

> 世界的大势已到这个程度，我们不能逃在这个世界以外，自然随大势而趋了。我希望国内持强权论的，崇拜武断（独裁）主义的，好弄阴谋的，执着偏见想用一派势力统治全国的，都快快抛弃了这种黑暗主义，向光明方面去呵！

这是很明显的向当日的黑暗政治势力公开宣战了！从这一天起，北京大学就走上了干涉政治的路子，蔡先生带着我们都不能脱离政治的努力了。

天安门演说之后，不多几天，我因母亲死了，奔丧南下。我走之后，独秀、守常先生更忍不住要谈政治了，他们就发起《每周评论》，用白话来做政治的评论。《每周评论》12月22日出版，它的发刊词也可以使我们看出那个狂热的乐观时代的大影响：

> 自从德国打了败仗，"公理战胜强权"这句话几乎成了人人的口头禅。……凡合乎平等自由的，就是公理；倚仗自家强力侵害他人的平等自由的，就是强权。……

这"公理战胜强权"的结果，世界各国的人都应该明白，无论对内对外，强权是靠不住的，公理是万万不能不讲的了。美国大总统威尔逊屡次的演说都是光明正大，可算得现在世界上第一个好人。他说的话很多，其中顶要紧的是两个主义：第一不许各国拿强权来侵害他国的平等自由，第二不许各国政府拿强权来侵害百姓的平等自由。这两个主义不正是讲公理不讲强权吗？……我们发行这《每周评论》的宗旨也就是"主张公理，反对强权"八个大字。

这里固然有借题发挥的话，但独秀和蔡先生在那时候都是威尔逊主义麻醉之下的乐观者，他们天天渴望那"公理战胜强权"的奇迹的实现，一般天真烂漫的青年学生也跟着他们渴望那奇迹的来临。八年四月底，巴黎的电报传来，威尔逊的理想失败了，屈伏了！克里蒙梭和牧野的强权主义终于战胜了！日本人自由支配山东半岛的要求居然到手了！这个大打击是青年人受不住的。他们的热血喷涌了，他们赤手空拳的做出一个壮烈的爱国运动，替国家民族争回了不少的权利。因为如果没有他们的"五四运动"，我们的代表团必然要签字的。签了字，我们后来就不配再说话了。三年之后，华盛顿会议的结果，使我们收回山东的失地，其中的首功还得算"五四运动"的几千个青年学生。

最后,我们要引孙中山先生评论"五四运动"的话来做这篇纪念文字的结论。孙先生说:

> 自北京大学学生发生五四运动以来,一般爱国青年无不以新思想为将来革新事业之预备,于是蓬蓬勃勃,发抒言论,国内各界舆论一致同倡。各种新出版物为热心青年所举办者,纷纷应时而出,扬葩吐艳,各极其致。社会遂蒙绝大之影响。虽以顽劣之伪政府,犹且不敢撄其锋。此种新文化运动在我国今日诚思想界空前之大变动。推原其始,不过由于出版界一二觉悟者从事提倡,遂至舆论放大异彩,学潮弥漫全国,人皆激发天良,誓死为爱国之运动。倘能继长增高,其将来收效之伟大且久远者,可无疑也。吾党欲收革命之成功,必有赖于思想之变化。兵法攻心,语曰革心,皆此之故。故此种新文化运动实为最有价值之事。(九年一月二十九日,《与海外同志书》)

中山先生的话是"五四"之后七个多月写的。他的评判,我们认为很公允。他的结论"吾党欲收革命之成功,必有赖于思想之变化",这是不可磨灭的名言。我们在这纪念"五四"的日子,不可不细细想想今日是否还是"必有赖于思想的变化"。因为当年若没有思想的变化,决不会有"五四运动"。

二十四,四,二十九夜
(原载1935年5月5日《独立评论》第149号)

个人自由与社会进步
再谈五四运动

5月5日《大公报》的星期论文是张熙若先生的《国民人格之修养》。这篇文字也是纪念"五四"的,我读了很受感动,所以转载在这一期。我读了张先生的文章,也有一些感想,写在这里作今年五四纪念的尾声。

这年头是"五四运动"最不时髦的年头。前天五四,除了北京大学依惯例还承认这个北大纪念日之外,全国的人都不注意这个日子了。张熙若先生"雪中送炭"的文章使人颇吃一惊。他是政治哲学的教授,说话不离本行,他指出五四运动的意义是思想解放,思想解放使得个人解放,个人解放产出的政治哲学是所谓个人主义的政治哲学。他充分承认个人主义在理论上和事实上都有缺点和流弊,尤其在经济方面。但他指出个人主义自有它的优点:最基本的是它承认个人是一切社会组织的来源。他又指出个人主义的政治理论的神髓是承认个人的思想自由和言论自由。他说：

> 个人主义在理论上及事实上都有许多缺陷和流弊，但以个人的良心为判断政治上是非之最终标准，却毫无疑义是它的最大优点，是它的最高价值。……至少，他还有养成忠诚勇敢的人格的用处。此种人格在任何政制下（除过与此种人格根本冲突的政制）都是有无上价值的，都应该大量的培养的。……今日若能多多培养此种人材，国事不怕没有人担负。救国是一种伟大的事业，伟大的事业惟有有伟大人格者才能胜任。

张先生的这段议论，我大致赞同。他把"五四运动"一个名词包括"五四"（民国八年）前后的新思潮运动，所以他的文章里有"民国六七年的五四运动"一句话。这是五四运动的广义，我们也不妨沿用这个广义的说法。张先生所谓"个人主义"，其实就是"自由主义"（Liberalism）。我们在民国八九年之间，就感觉到当时的"新思潮"、"新文化"、"新生活"有仔细说明意义的必要。无疑的，民国六七年北京大学所提倡的新运动，无论形式上如何五花八门，意义上只是思想的解放与个人的解放。蔡元培先生在民国元年就提出"循思想自由言论自由之公例,不以一流派之哲学一宗门之教义梏其心"的原则了。他后来办北京大学,主张思想自由、学术独立、百家平等。在北京大学里,辜鸿铭、刘师培、黄侃和陈独秀、钱玄同等同时教书讲学。别人颇以为奇怪,蔡先生只说:"此思想自由之通则,而大学之所以为大也。"(《言行录》页二二九)这样百家平等,最可以引起青年人的思想解放。我们在当时提倡的思想,当然很显出个人主义的色彩。但我们当时曾引杜威先生的话,指出个人主义有两种:

> （1）假的个人主义就是为我主义（Egoism），他的性质是只顾自己的利益,不管群众的利益。
>
> （2）真的个人主义就是个性主义（Individuality），他的特性有两种:一、是独立思想,不肯把别人的耳朵当耳朵,不肯把别人的眼睛当眼睛,不肯把别人的脑力当自己的脑力。二、是个人对于自己思想信仰的结果要负完全责任,不怕权威,不怕监禁杀身,只认得真理,不认得个人的利害。

这后一种就是我们当时提倡的"健全的个人主义"。我们当日介绍易卜生（Ibsen）的著作,也正是因为易卜生的思想最可以代表那种健全的个人主义。这种思想有两个中心见解：第一是充分发展个人的才能，就是易卜生说的："你要想有益于社会，最好的法子莫如把你自己这块材料铸造成器。"第二是要造成自由独立的人格，像易卜生的《国民公敌》戏剧里的斯铎曼医生那样"贫贱不能移，富贵不能淫，威武不能屈"。这就是张熙若先生说的"养成忠诚勇敢的人格"。

近几年来，五四运动颇受一班论者的批评，也正是为了这种个人主义的人生观。平心说来，这种批评是不公道的，是根据于一种误解的。他们说个人主义的人生观是资本主义社会的人生观。这是滥用名词的大笑话。难道在社会主义的国家里就可以不用充分发展个人的才能了吗？难道社会主义的国家里就用不着有独立自由思想的个人了吗？难道当时辛苦奋斗创立社会主义共产主义的志士仁人都是资本主义社会的奴才吗？我们试看苏俄现在怎样用种种方法来提倡个人的努力（参看《独立》第一二九号西滢的《苏俄的青年》，和蒋廷黻的《苏俄的英雄》），就可以明白这种人生观不是资本主义社会所独有的了。

还有一些人嘲笑这种个人主义，笑它是十九世纪维多利亚时代的过时思想。这种人根本就不懂得维多利亚时代是多么光华灿烂的一个伟大时代。马克斯、恩格尔，都生死在这个时代里，都是这个时代的自由思想独立精神的产儿。他们都是终身为自由奋斗的人。我们去维多利亚时代还老远哩。我们如何配嘲笑维多利亚时代呢！

所以我完全赞同张熙若先生说的"这种忠诚勇敢的人格在任何政制下都是有无上价值的，都应该大量的培养的"。因为这种人格是社会进步的最大动力。欧洲十八九世纪的个人主义造出了无数爱自由过于面包，爱真理过于生命的特立独行之士，方才有今日的文明世界。我们现在看见苏俄的压迫个人自由思想，但我们应该想想，当日在西伯利亚冰天雪地里受监禁拘囚的十万革命志士，是不是新俄国的先锋？我们到莫斯科去看了那个很感动人的"革命博物馆"，尤其是其中展览列宁一生革命历史的部分，我们不能不深信：一个新社会、新国家，总是一些爱自由爱真理的人造成的，决不是一班奴才造成的。

张熙若先生很大胆的把五四运动和民国十五六年的国民革命运动相提并论，并且很大胆的说这两个运动走的方向是相同的。这种议论在今日必定要受不少的批评，因为有许多人决不肯承认这个看法。平心说来，张先生的看法也不能说是完全正确。民国十五六年的国民革命运动至少有两点是和民国六七八年的新运动不同的：一是苏俄输入的党纪律，一是那几年的极端民族主义。苏俄输入的铁纪律含有绝大的"不容忍"（Intoleration）的态度，不容许异己的思想，这种态度是和我们在五四前后提倡的自由主义很相反的。民国十六年的国共分离,在历史上看来,可以说是国民党对于这种不容异己的专制态度的反抗。可惜清党以来,六七年中,这种"不容忍"的态度养成的专制习惯还存在不少人的身上。刚推翻了布尔什维克的不容异己,又学会了法西斯蒂的不容异己,这是很不幸的事。

"五四"运动虽然是一个很纯粹的爱国运动,但当时的文艺思想运动却不是狭义的民族主义运动。蔡元培先生的教育主张是显然带有"世界观"的色彩的(《言行录》一九七页)。《新青年》的同人也都很严厉的批评指斥中国旧文化。其实孙中山先生也是抱着大同主义的,他是信仰"天下为公"的理想的。但中山先生晚年屡次说起鲍洛庭同志劝他特别注重民族主义的策略,而民国十四五年的远东局势,又逼我们中国人不得不走上民族主义的路。十四年到十六年的国民革命的大胜利,不能不说是民族主义的旗帜的大成功。可是民族主义有三个方面:最浅的是排外,其次是拥护本国固有的文化,最高又最艰难的是努力建立一个民族的国家。因为最后一步是最艰难的,所以一切民族主义运动往往最容易先走上前面的两步。济南惨案以后,九一八以后,极端的叫嚣的排外主义稍稍减低了,然而拥护旧文化的喊声又四面八方的热闹起来了。这里面容易包藏守旧开倒车的趋势,所以也是很不幸的。

　　在这两点上，我们可以说，民国十五六年的国民革命运动，是不完全和五四运动同一个方向的。但就大体上说，张熙若先生的看法也有不小的正确性。孙中山先生是受了很深的安格鲁撒克逊民族的自由主义的影响的，他无疑的是民治主义的信徒，又是大同主义的信徒。他一生奋斗的历史都可以证明他是一个爱自由爱独立的理想主义者。我们看他在民国九年一月《与海外同志书》(引见上期《独立》)里那样赞扬五四运动，那样承认"思想之转变"为革命成功的条件；我们更看他在民国十三年改组国民党时那样容纳异己思想的宽大精神，——我们不能不承认，至少孙中山先生理想中的国民革命是和五四运动走同一方向的。因为中山先生相信"革命之成功必有赖于思想之转变"，所以他能承认五四运动前后的"新文化运动实为最有价值的事"。思想的转变是在思想自由言论自由的条件之下个人不断的努力的产儿。个人没有自由，思想又何从转变，社会又何从进步，革命又何从成功？

二十四，五，六
（原载1935年5月12日《独立评论》第150号）

"五四"的第二十八周年

民国八年五月四日到今年整二十八年了,许多人都不记得"五四"是怎么一回事了。所以我要简单的说说那一天的情形。

在那年5月1日至2日之间,从巴黎和会传来的秘密消息说:日本代表团在和会提出的关于山东问题的几种强横要求全都胜利了,威尔逊总统让步了,德国在山东的各种权利都要交给日本接管了。

这个消息传出之后,北京的十几个学校的几千学生就在那个星期日(5月4日)在天安门开了一个大会,人人手里拿着一面白旗,写着"还我青岛"、"还我山东"、"诛卖国贼曹汝霖、陆宗舆、章宗祥"等等字样。他们在大会上决定整队游行。

他们整队出中华门,沿路散了许多传单,其中一张《北

京学界全体宣言》有这些话:

> 现在日本在万国和会要求并吞青岛,管理山东一切权利,就要成功了!他们的外交大胜利了!我们的外交大失败了!……所以我们学界今天排队到各国公使馆去要求各国出来维持公理。务望全国工商各界一律起来设法开国民大会。外争主权,内除国贼!

他们到美、英、法、义四国使馆递了说帖之后,学生大队经过户部街,东长安街,东单牌楼,石大人胡同,一直走到赵家楼的曹汝霖住宅。曹家的大门紧闭了。有几个学生爬上别人的肩头,爬上墙,跳进去,把大门打开,大队学生就拥进去了。他们寻不着曹汝霖,只碰到了驻日公使章宗祥,打了他一顿,打的皮破血流。这时候,不知怎样屋子里有一处起了火,火势大了,学生才跑出去。警察总监吴炳湘带队赶到,大众已散去了,警察只捉住了在路上落后的三十三个人。

这是"五四"那天的经过。

北京政府最初采用压迫的手段,拘捕学生,封禁《益世报》,监视《晨报》与《国民公报》,下令褒奖曹陆章三人的功绩。学生更愤激了,他们组织了许多露天讲演队,劝国人买国货,宣传对日本的经济抵制。全国各地的学生也纷纷响应，各地都组织了宣传抵制日货的讲演团。日本政府来了几次抗议之后，北京政府决心作大规模的压迫。6月3日，警察开始捉拿街上讲演的学生，一日之中捉了一千多人，都被拘禁在北京大学法科。6月4日街上讲演的学生更多了，警察又捉了一千多人。北大法科容不下了，于是北大理科也成了临时拘禁所。北河沿一带，有陆军第九师步兵一营和第十五团驻扎围守。从东华门直到北大第三院，全是兵士帐棚了。

6月4日上海天津得着北京拘捕几千学生的消息，学生当日全罢课了。上海的商人一致宣布罢市三天。南京、杭州、武汉、九江、天津、济南、安徽、厦门各地的商人也都起来响应上海，宣布罢市，要求释放学生，并要求罢免曹汝霖，陆宗舆，章宗祥三个亲日的领袖。上海罢市的消息传来，北京政府才惊慌了，6月5日的下午，北河沿的军队悄悄的撤退了。学生都出来了，又上街讲演了。

6月10日，政府罢免交通总长曹汝霖，驻日本公使章宗祥，币制局总裁陆宗舆三人之职。

自从5月4日以后，全国各地与海外的学生会与公共团体都纷纷发电报，警告巴黎和会的中国代表团，不许他们在对德国的和约上签字。在欧洲的中国学生组织了纠察队，日夜监守中国代表的住宅，不许他们去签字。

对德的和约本决定在6月28日下午三时在凡尔赛故宫签

字的。那天下午,中国代表没有到场,并通告和会主席,声明中国拒绝签字。

"五四"事件在当时的结果,第一使北京政府罢免曹陆章三人,第二,使巴黎和会的中国代表拒绝凡尔赛和约的签字。这个青年学生爱国运动,后来大家都叫做"五四运动"。

五四不是一件孤立的事。五四之前,有蔡元培校长领导之下的北京大学教授与学生出版的《新青年》、《新潮》、《每周评论》所提倡的文学革命,思想自由,政治民主的运动。五四之后,有全国知识青年热烈参预的新文艺运动,和各种新的政治活动。

孙中山先生在民国九年一月二十九日写信给海外同志,曾有这一段议论:

> 自北京大学学生发生五四运动以来,一般爱国青年无不以新思想为将来革新事业之预备,于是蓬蓬勃勃,发抒言论,国内各界舆论一致同倡。各界新出版物为热心青年所举办者,纷纷应时而出,扬葩吐艳,各极其致。社会遂蒙绝大之影响。虽以顽劣之伪政府,犹且不敢撄其锋。此种新文化运动在我国今日诚思想界空前之大变动。推原其始,不过由于出版界一二觉悟者从事提倡,遂至舆论界放大异彩,学潮弥漫全国,人皆激发天

良，誓死为爱国之运动。倘能继长增高，其将来收效之伟大且久远者，可无疑也。吾党欲收革命之成功，必有赖于思想之变化。兵法攻心，语曰革心，皆此之故。故此种新文化运动实为最有价值之事。

中山先生这一番议论，写在"五四"之后的第八个月，最可以表示当时一位深思远虑的政治家对于五四运动的前因后果的公平估价。他说的"出版界一二觉悟者从事提倡"，就是指《新青年》《新潮》几个刊物。他说的"学潮弥漫全国，人皆誓死为爱国之运动"，"虽以顽劣之伪政府犹且不敢撄其锋"，就是指五四运动的本身。他说的"一般爱国青年，蓬蓬勃勃，发抒言论，各种新出版物纷纷应时而出，扬葩吐艳，各极其致"，就是指五四以后各种新文艺，新思潮的刊物（据当时的统计，民国八九年之间，全国各地的白话新期刊，至少有四百种之多）。中山先生把当时的各种潮流综合起来，叫做"新文化运动"，他承认"此种新文化运动在我国今日诚思想界空前之大变动"，"实为最有价值之事"。

孙中山先生的评判是很正确很平允的。五四运动在两个月之中，轰动了全国的青年，解放了全国青年的思想，把白话文变成了全国青年达意表情的新工具，使多数青年感觉用文字来自由发表思想感情不是一件困难的事，不是极少数古文家专利的事,经过了这次轰动全国青年的大解放,方才有中山先生所赞叹的"思想界空前之大变动"。这是五四运动永久的历史意义。

中山先生是个革命领袖,所以他最能了解这个"思想界空前之大变动"在革命事业上的重要性。他对他的同志们说:"吾党欲收革命之成功,必有赖于思想之变化。"

我们在二十八年后纪念五四,也不能不仔细想想我们今日是否已"收革命之成功",是否还"必有赖于思想之变化"。

(原载1947年5月4日天津《大公报》)

爱国运动与求学

当5月7日北京学生包围章士钊宅，警察拘捕学生的事件发生以后，北京各学校的学生团体即有罢课的提议。有些学校的学生因为北大学生会不曾参加五七的事，竟在北大第一院前辱骂北大学生不爱国。北大学生也有很愤激的，有些人竟贴出布告攻击北大代理校长蒋梦麟媚章媚外。然而几日之内，北大学生会举行总投票表决罢课问题，共投一千一百多票，反对罢课者八百余票，这件事真使一班留心教育问题的人心里欢喜。可喜的不在罢课案的被否决，而在（1）投票之多，（2）手续的有秩序，（3）学生态度的镇静。我的朋友高梦旦在上海读了这段新闻，写了一封长信给我，讨论此事，说，这样做去，便是在求学的范围以内做救国的事业，可算是在近年学生运动史上开一个新纪元。——只可惜我还没有回高先生的信，上海五卅的事件已发生了，前二十天的秩序与镇静都无法维持了。于是6月3日以后，全国学校遂都罢课了。

这也是很自然的。在这个时候，国事糟到这步田地，外间的刺激这么强：上海的事件未了，汉口的事件又来了，接着广州、南京的事件又来了；在这个时候，许多中年以上的人尚且忍耐不住，许多六十老翁尚且要出来慷慨激昂地主张宣战，何况这无数的少年男女学生呢？

我们观察这七年来的"学潮"，不能不算民国八年的五四事件与今年的五卅事件为最有价值。这两次都不是有什么作用，事前预备好了然后发动的；这两次都只是一般青年学生的爱国血诚，遇着国家的大耻辱，自然爆发；纯然是烂缦的天真，不顾利害地干将去，这种"无所为而为"的表示是真实的，可爱敬的。许多学生都是不愿意牺牲求学的时间的；只因为临时发生的问题太大了，刺激太强烈了，爱国的感情一时迸发，所以什么都顾不得了：功课也不顾了，秩序也不顾了，辛苦也不顾了。所以北大学生总投票表决不罢课之后，不到二十天，也就不能不罢课了。二十日前不罢课的表决可以表示学生不愿意牺牲功课的诚意；二十日后毫无勉强地罢课参加救国运动可以证明此次学生运动的牺牲的精神。这并非前后矛盾：有了前回的不愿牺牲，方才更显出后来的牺牲之难能而可贵。岂但北大一校如此？国中无数学校都有这样的情形。

但群众的运动总是不能持久的。这并非中国人的"虎头蛇尾","五分钟的热度"。这是世界人类的通病。所谓"民气",所谓"群众运动",都只是一时的大问题刺激起来的一种感情上的反应。感情的冲动是没有持久性的；无组织又无领袖的群众行动是最容易松散的。我们不看见北京大街的墙上大书着"打倒英日"、"不要五分钟的热度"吗？其实写那些大字的人，写成之后，自己看着很满意，他的"热度"早已消除大半了；他回到家里，坐也坐得下了，睡也睡得着了。所谓"民气"，无论在中国在欧美，都是这样：突然而来，悠然而去。几天一次的公民大会，几天一次的示威游行，虽然可以勉强多维持一会儿，然而那回天安门打架之后，国民大会也就不容易召集了。

我们要知道，凡关于外交的问题，民气可以督促政府，政府可以利用民气；民气与政府相为声援方才可以收效。没有一个像样的政府，虽有民气，终不能单独成功。因为外国政府决不能直接和我们的群众办交涉；民众运动的影响（无论是一时的示威或是较有组织的经济抵制），终是间接的。一个健全的政府可以利用民气作后盾，在外交上可以多得胜利，至少也可以少吃点亏。若没有一个能运用民气的政府，我们可以断定民众运动的牺牲的大部分是白白地糟蹋了的。

倘使外交部于6月24日同时送出沪案及修改条约两照会之后即行负责交涉，那时民气最盛，海员罢工的声势正大，沪案的交涉至少可以得一个比较满人意的结果。但这个政府太不像样了：外交部不敢自当交涉之冲，却要三个委员来代捐末梢；三个委员都是很聪明的人，也就乐得三揖三让，延搁下去。他们不但不能用民气，反惧怕民气了！况且某方面的官僚想借这风潮延长现政府的寿命；某方面的政客也想借这问题展缓东北势力的侵逼。他们不运用民气来对付外人，只会利用民气来便利他们自己的私图！于是一误，再误，至于今日，沪案及其他关连之各案丝毫不曾解决，而民气却早已成了强弩之末了！

上海的罢工本是对英日的，现在却是对邮政当局，商务印书馆，中华书局了。北京的学生运动一变而为对付杨荫榆，又变而为对付章士钊了。广州对英的事件全未了结，而广州城却早已成为共产与反共产的血战场了。三个月的"爱国运动"的变相竟致如此！

这时候有一件差强人意的事，就是全国学生总会议决秋季开学后各地学生应一律到校上课，上课后应努力于巩固学生会的组织，为民众运动的中心。北京学联会也决议北京各校同学于开学前务必到校，一面上课，一面仍继续进行。

这是很可喜的消息。全国学生总会的通告里并且有"五卅运动并非短时间所可解决"的话。我们要为全国学生下一转语：救国事业更非短时间所能解决：帝国主义不是赤手空拳打得倒的；"英日强盗"也不是几千万人的喊声咒得死的。救国是一件顶大的事业：排队游街，高喊着"打倒英日强盗"，算不得救国事业；甚至于砍下手指写血书，甚至于蹈海投江，杀身殉国，都算不得救国的事业。救国的事业须要有各色各样的人才；真正的救国的预备在于把自己造成一个有用的人才。

易卜生说的好：

> 真正的个人主义在于把你自己这块材料铸造成个东西。

他又说：

> 有时候我觉得这个世界就好像大海上翻了船，最要紧的是救出我自己。

在这个高唱国家主义的时期，我们要很诚恳的指出：易卜生说的"真正的个人主义"正是到国家主义的唯一大路。救国须从救出你自己下手！

学校固然不是造人才的唯一地方，但在学生时代的青年却应该充分地利用学校的环境与设备来把自己铸造成个东西。我们须要明白了解：

  救国千万事，何一不当为？
  而吾性所适，仅有一二宜。

认清了你"性之所近，而力之所能勉"的方向，努力求发展，这便是你对国家应尽的责任，这便是你的救国事业的预备工夫。国家的纷扰，外间的刺激，只应该增加你求学的热心与兴趣，而不应该引诱你跟着大家去呐喊。呐喊救不了国家。即使呐喊也算是救国运动的一部分，你也不可忘记你的事业有比呐喊重要十倍百倍的。你的事业是要把你自己造成一个有眼光有能力的人才。

你忍不住吗？你受不住外面的刺激吗？你的同学都出去呐喊了，你受不了他们的引诱与讥笑吗？你独坐在图书馆里觉的难为情吗？你心里不安吗？——这也是人情之常，我们不怪你；我们都有忍不住的时候。但我们可以告诉你一两个故事，也许可以给你一点鼓舞：——

德国大文豪葛德（Goethe）在他的年谱里（英译本页一八九）曾说，他每遇着国家政治上有大纷扰的时候，他便用心去研究一种绝不关系时局的学问，使他的心思不致受外界的扰乱。所以拿破仑的兵威逼迫德国最厉害的时期里，葛德天天用功研究中国的文物。又当利俾瑟之战的那一天，葛德正关着门，做他的名著 *Essex* 的"尾声"。

德国大哲学家费希特（Fichte）是近代国家主义的一个创始者。然而他当普鲁士被拿破仑践破之后的第二年（1807）回到柏林，便着手计划一个新的大学——即今日之柏林大学。那时候，柏林还在敌国驻兵的掌握里。费希特在柏林继续讲学，在很危险的环境里发表他的《告德意志民族》（*Reden an die Deutsche Nation*）。往往在他讲学的堂上听得见敌人驻兵操演回来的笳声。他这一套讲演——《告德意志民族》——忠告德国人不要灰心丧志，不要惊皇失措；他说，德意志民族是不会亡国的；这个民族有一种天付的使命，就是要在世间建立一个精神的文明，——德意志的文明；他说，这个民族的国家是不会亡的。

后来费希特计划的柏林大学变成了世界的一个最有名的学府；他那部《告德意志民族》不但变成了德意志帝国建国的一个动力，并且成了十九世纪全世界的国家主义的一种经典。

上边的两段故事是我愿意介绍给全国的青年男女学生的。我们不期望人人都做葛德与费希特。我们只希望大家知道：在一个扰攘纷乱的时期里跟着人家乱跑乱喊，不能就算是尽了爱国的责任，此外还有更难更可贵的任务：在纷乱的喊声里，能立定脚跟，打定主意，救出你自己，努力把你这块材料铸造成个有用的东西！

十四，八，卅一夜在天津脱稿

（原载1925年9月5日《现代评论》第2卷第39期）

非个人主义的新生活

  这个题目是我在山东道上想着的,后来曾在天津学生联合会的学术讲演会讲过一次,又在唐山的学术讲演会讲过一次。唐山的演稿由一位刘赞清君记出,登在1月15日《时事新报》上。我这一篇的大意是对于新村的运动贡献一点批评。这种批评是否合理,我也不敢说。但是我自信这一篇文字是研究考虑的结果,并不是根据于先有的成见的。

九,一,二二

  本篇有两层意思。一是表示我不赞成现在一般有志青年所提倡,我所认为"个人主义的"新生活。一是提出我所主张的"非个人主义的"新生活,就是"社会的"新生活。

  先说什么叫做"个人主义"(Individualism)。一月二夜(就是我在天津讲演前一晚），杜威博士在天津青年会讲演《真的与假的个人主义》，他说：个人主义有两种：

（1）**假的个人主义——就是为我主义**（Egoism）　他的性质是自私自利：只顾自己的利益，不管群众的利益。

（2）**真的个人主义——就是个性主义**（Individuality）　他的特性有两种：一是独立思想，不肯把别人的耳朵当耳朵，不肯把别人的眼睛当眼睛，不肯把别人的脑力当自己的脑力；二是个人对于自己思想信仰的结果要负完全责任，不怕权威，不怕监禁杀身，只认得真理，不认得个人的利害。

杜威先生极力反对前一种假的个人主义，主张后一种真的个人主义。这是我们都赞成的。但是他反对的那种自私自利的个人主义的害处，是大家都明白的。因为人多明白这种主义的害处，故他的危险究竟不很大。例如东方现在实行这种极端为我主义的"财主督军"，无论他们眼前怎样横行，究竟逃不了公论的怨恨，究竟不会受多数有志青年的崇拜。所以我们可以说这种主义的危险是很有限的。但是我觉得"个人主义"还有第三派，是很受人崇敬的，是格外危险的。这一派是：

（3）**独善的个人主义**　他的共同性质是：不满意于现社会，却又无可如何，只想跳出这个社会去寻一种超出现社会的理想生活。

这个定义含有两部分：(1) 承认这个现社会是没有法子挽救的了；(2) 要想在现社会之外另寻一种独善的理想生活。自有人类以来，这种个人主义的表现也不知有多少次了。简括说来，共有四种：

（一）宗教家的极乐国　如佛家的净土，犹太人的伊丁园，别种宗教的天堂，天国，都属于这一派。这种理想的原起，都由于对现社会不满意。因为厌恶现社会，故悬想那些无量寿，无量光的净土；不识不知，完全天趣的伊丁园；只有快乐，毫无痛苦的天国。这种极乐国里所没有的，都是他们所厌恨的；所有的，都是他们所梦想而不能得到的。

（二）神仙生活　神仙的生活也是一种悬想的超出现社会的生活。人世有疾病痛苦，神仙无病长生；人世愚昧无知，神仙能知过去未来；人生不自由，神仙乘云遨游，来去自由。

（三）山林隐逸的生活　前两种是完全出世的；他们的理想生活是悬想的，渺茫的，出世生活。山林隐逸的生活虽然不是完全出世的，也是不满意于现社会的表示。他们不满意于当时的社会政治，却又无能为力，只得隐姓埋名，逃出这个恶浊社会去做他们自己理想中的生活。他们不能"得君行道"，故对于功名利禄，表示藐视的态度；他们痛恨富贵的人骄奢淫佚，故说富贵如同天上的浮云，如同脚下的破草鞋。他们痛恨社会上有许多不耕而食，不劳而得的"吃白阶级"，故自己耕田锄地，自食其力。他们厌恶这污浊的社会，故实行他们理想中梅妻鹤子，渔蓑钓艇的洁净生活。

（四）**近代的新村生活**　近代的新村运动，如十九世纪法国、美国的理想农村，如现在日本日向的新村，照我的见解看起来，实在同山林隐逸的生活是根本相同的。那不同的地方，自然也有。山林隐逸是没有组织的，新村是有组织的：这是一种不同。隐遁的生活是同世事完全隔绝的，故有"不知有汉，遑论魏晋"的理想；现在的新村的人能有赏玩Rodin同Cézanne的幸福，还能在村外著书出报：这又是一种不同。但是这两种不同都是时代造成的，是偶然的，不是根本的区别。从根本性质上看来，新村的运动都是对于现社会不满意的表示。即如日向的新村，他们对于现在"少数人在多数人的不幸上，筑起自己的幸福"的社会制度，表示不满意，自然是公认的事实。周作人先生说日向新村里有人把中国看作"最自然，最自在的国"（《新潮》二，页七五）。这是他们对于日本政制极不满意的一种牢骚话，很可玩味的。武者小路实笃先生一般人虽然极不满意于现社会，却又不赞成用"暴力"的改革。他们都是"真心仰慕着平和"的人。他们于无可如何之中，想出这个新村的计划来。周作人先生说，"新村的理想，要将历来非暴力不能做到的事，用和平方法得来"（《新青年》七，二，一三四）。这个和平方法就是离开现社会，去做一种模范的生活。"只要万人真希望这种的世界，这世界便能实现。"（《新青年》同上）这句话不但是独善主义的精义，简直全是净土宗的口气了！所以我把新村来比山林隐逸，不算冤枉他；就是把他来比求净土天国的宗教运动，也不算玷辱他。不过他们的"净土"是在日向，不在西天罢了。

我这篇文章要批评的"个人主义的新生活"，就是指这一种跳出现社会的新村生活。这种生活，我认为"独善的个人主义"的一种。"独善"两个字是从孟轲"穷则独善其身"一句话上来的。有人说：新村的根本主张是要人人"尽了对于人类的义务，却又完全发展自己个性"；如此看来，他们既承认"对于人类的义务"，如何还是独善的个人主义呢。我说：这正是个人主义的证据。试看古往今来主张个人主义的思想家，从希腊的"狗派"（Cynic）以至十八九世纪的个人主义，那一个不是一方面崇拜个人，一方面崇拜那广漠的"人类"的？主张个人主义的人，只是否认那些切近的伦谊，——或是家族，或是"社会"，或是国家，——但是因为要推翻这些比较狭小逼人的伦谊，不得不捧出那广漠不逼人的"人类"。所以凡是个人主义的思想家，没有一个不承认这个双重关系的。

新村的人主张"完全发展自己个性"，故是一种个人主义。他们要想跳出现社会去发展自己个性，故是一种独善的个人主义。

这种新村的运动,因为恰合现在青年不满意于现社会的心理,故近来中国也有许多人欢迎,赞叹,崇拜。我也是敬仰武者先生一班人的,故也曾仔细考究这个问题。我考究的结果是不赞成这种运动。我以为中国的有志青年不应该仿行这种个人主义的新生活。

这种新村的运动有什么可以反对的地方呢?

第一,因为这种生活是避世的,是避开现社会的。这就是让步。这便不是奋斗。我们自然不应该提倡"暴力",但是非暴力的奋斗是不可少的。我并不是说武者先生一班人没有奋斗的精神。他们在日本能提倡反对暴力的论调,——如《一个青年的梦》——自然是有奋斗精神的。但是他们的新村计划想避开现社会里"奋斗的生活",去寻那现社会外"生活的奋斗",这便是一大让步。武者先生的《一个青年的梦》里的主人翁最后有几句话,很可玩味。他说:

……请宽恕我的无力。——宽恕我的话的无力。但我心里所有的对于美丽的国的仰慕,却要请诸君体察的。(《新青年》七,二,一 二)

我们对于日向的新村应该作如此观察。

第二，在古代，这种独善主义还有存在的理由；在现代，我们就不该崇拜他了。古代的人不知道个人有多大的势力，故孟轲说："穷则独善其身，达则兼善天下。"古人总想，改良社会是"达"了以后的事业，——是得君行道以后的事业；故承认个人——穷的个人——只能做独善的事业，不配做兼善的事业。古人错了。现在我们承认个人有许多事业可做。人人都是一个无冠的帝王，人人都可以做一些改良社会的事。去年的五四运动和六三运动，何尝是"得君行道"的人做出来的？知道个人可以做事，知道有组织的个人更可以作事，便可以知道这种个人主义的独善生活是不值得摹仿的了。

第三，他们所信仰的"泛劳动主义"是很不经济的。他们主张："一个人生存上必要的衣食住，论理应该用自己的力去得来，不该要别人代负这责任。"这话从消极一方面看，——从反对那"游民贵族"的方面看，——自然是有理的。但是从他们的积极实行方面看，他们要"人人尽劳动的义务，制造这生活的资料"，——就是衣食住的资料，——这便是"矫枉过正"了。人人要尽制造衣食住的资料的义务，就是人人要加入这生活的奋斗（周作人先生再三说新村里平和幸福的空气，也许不承认"生活的奋斗"的话；但是我说的，并不是人同人争面包米饭的奋斗，乃是人在自然界谋生存的奋斗；周先生说新村的

<small>农作物至今还不够自用,便是一证)。</small>现在文化进步的趋势,是要使人类渐渐减轻生活的奋斗至最低度,使人类能多分一些精力出来,做增加生活意味的事业。新村的生活使人人都要尽"制造衣食住的资料"的义务,根本上否认分功进化的道理,增加生活的奋斗,是很不经济的。

第四,这种独善的个人主义的根本观念就是周先生说的"改造社会,还要从改造个人做起"。我对于这个观念,根本上不能承认。这个观念的根本错误在于把"改造个人"与"改造社会"分作两截;在于把个人看作一个可以提到社会外去改造的东西。要知道个人是社会上种种势力的结果。我们吃的饭,穿的衣服,说的话,呼吸的空气,写的字,有的思想,……没有一件不是社会的。我曾有几句诗,说:"……此身非吾有:一半属父母,一半属朋友"。当时我以为把一半的我归功社会,总算很慷慨了。后来我才知道这点算学做错了!父母给我的真是极少的一部分。其余各种极重要的部分,如思想,信仰,知识,技术,习惯,……等等,大都是社会给我的。我穿线袜的法子是一个徽州同乡教我的;我穿皮鞋打的结能不散开,是一个美国女朋友教我的。这两件极细碎的例,很可以说明这个"我"是社会上无数势力所造成的。社会上的"良好分子"并不是生成的,也不是个人修炼成的,——都是因为造成他们的种种势力里面,良好的势力

比不良的势力多些。反过来，不良的势力比良好的势力多，结果便是"恶劣分子"了。古代的社会哲学和政治哲学只为要妄想凭空改造个人，故主张正心，诚意，独善其身的办法。这种办法其实是没有办法，因为没有下手的地方。近代的人生哲学渐渐变了，渐渐打破了这种迷梦，渐渐觉悟：改造社会的下手方法在于改良那些造成社会的种种势力，——制度，习惯，思想，教育，等等。那些势力改良了，人也改良了。所以我觉得"改造社会要从改造个人做起"还是脱不了旧思想的影响。我们的根本观念是：

个人是社会上无数势力造成的。

改造社会须从改造这些造成社会，造成个人的种种势力做起。

改造社会即是改造个人。

新村的运动如果真是建筑在"改造社会要从改造个人做起"一个观念上，我觉得那是根本错误了。改造个人也是要一点一滴的改造那些造成个人的种种社会势力。不站在这个社会里来做这种一点一滴的社会改造，却跳出这个社会去"完全发展自己个性"，这便是放弃现社会，认为不能改造；这便是独善的个人主义。

以上说的是本篇的第一层意思。现在我且简单说明我所主张的"非个人主义的"新生活是什么。这种生活是一种"社会的新生活"；是站在这个现社会里奋斗的生活；是霸占住这个社会来改造这个社会的新生活。他的根本观念有三条：

（1）社会是种种势力造成的，改造社会须要改造社会的种种势力。这种改造一定是零碎的改造，——一点一滴的改造，一尺一步的改造。无论你的志愿如何宏大，理想如何彻底，计划如何伟大，你总不能笼统的改造，你总不能不做这种"得寸进寸，得尺进尺"的工夫。所以我说：社会的改造是这种制度那种制度的改造，是这种思想那种思想的改造，是这个家庭那个家庭的改造，是这个学堂那个学堂的改造。

（**附注**） 有人说："社会的种种势力是互相牵掣的，互相影响的。这种零碎的改造，是不中用的。因为你才动手改这一种制度，其余的种种势力便围拢来牵掣你了。如此看来，改造还是该做笼统的改造。"我说不然。正因为社会的势力是互相影响牵掣的，故一部分的改造自然会影响到别种势力上去。这种影响是最切实的，最有力的。近年来的文字改革，自然是局部的改革，但是他所影响的别种势力，竟有意想不到的多。这不是一个很明显的例吗？

（2）因为要做一点一滴的改造，故有志做改造事业的人必须要时时刻刻存研究的态度，做切实的调查，下精细的考虑，提出大胆的假设，寻出实验的证明。这种新生活是研究的生活，是随时随地解决具体问题的生活。具体的问题多解决了一个,便是社会的改造进了那么多一步。做这种生活的人要睁开眼睛,公开心胸;要手足灵敏,耳目聪明,心思活泼;要欢迎事实,要不怕事实;要爱问题,要不怕问题的逼人!

(3)这种生活是要奋斗的。要避世的独善主义是与人无忤,与世无争的,故不必奋斗。这种"淑世"的新生活,到处翻出不中听的事实,到处提出不中听的问题,自然是很讨人厌的,是一定要招起反对的。反对就是兴趣的表示,就是注意的表示。我们对于反对的旧势力,应该作正当的奋斗,不可退缩。我们的方针是:奋斗的结果,要使社会的旧势力不能不让我们;切不可先就偃旗息鼓退出现社会去,把这个社会双手让给旧势力。换句话说,应该使旧社会变成新社会,使旧村变为新村,使旧生活变为新生活。

我且举一个实际的例。英美近二三十年来,有一种运动,叫做"贫民区域居留地"的运动(Social Settlements)。这种运动的大意是:一班青年的男女,——大都是大学的毕业生,——在本城拣定一块极龌龊,极不堪的贫民区域,买一块地,造一所房屋。这一班人便终日在这里面做事。这屋里,凡是物质文明所赐的生活需要品,——电灯,电话,热气,浴室,游水池,钢琴,话匣,等等,——无一不有。他们把附近的小孩子,——垢面的孩子,顽皮的孩子,——都招拢来,教他们游水,教他们读书,教他们打球,教他们演说辩论,组成音乐队,组成演剧团,教他们演戏奏艺。还有女医生和看护妇,天天出去访问贫家,替他们医病,帮他们接生和看护产妇。病重的,由"居留地"的人送入公家医院。因为天下贫民都是最安本分的,他们眼见那高楼大屋的大医院,心里以为这定是为有钱人家造的,决不是替贫民诊病的;所以必须有人打破他们这种见解,教他们知道医院不是专为富贵人家的。还有许多贫家的妇女每日早晨出门做工,家里小孩子无人看管,所以"居留地"的人教他们把小孩子每天寄在"居留地"里,有人替他们洗浴,换洗衣服,喂他们饮食,领他们游戏。到了晚上,他们的母亲回来了,各人把小孩领回去。这种小孩子从小就在洁净慈爱的环境里长大,渐渐养成了良好习惯,回到家中,自然会把从前的种种污秽的环境改了。家中的大人也因时时同这种新生活接触,渐渐的改良了。我在纽约时,曾常常去看亨利街上的一所居留地,是华德女士(Lilian Wald)办的。有一晚我去看那条街上的贫家子弟演戏,演的是贝里(Barry)的名剧。我至今回想起来,他们演戏的程度比我们大学的新戏高得多咧!

这种生活是我所说的"非个人主义的新生活"!是我所说的"变旧社会为新社会,变旧村为新村"的生活!这也不是用"暴力"去得来的!我希望中国的青年要做这一类的新生活，不要去模仿那跳出现社会的独善生活。我们的新村就在我们自己的旧村里！我们所要的新村是要我们自己的旧村变成的新村！

可爱的男女少年！我们的旧村里我们可做的事业多得很咧！村上的鸦片烟灯还有多少？村上的吗啡针害死了多少人？村上缠脚的女子还有多少？村上的学堂成个什么样子？村上的绅士今年卖选票得了多少钱？村上的神庙香火还是怎么兴旺？村上的医生断送了几百条人命？村上的煤矿工人每日只拿到五个铜子，你知道吗？村上多少女工被贫穷逼去卖淫，你知道吗？村上的工厂没有避火的铁梯，昨天火起，烧死了一百多人，你知道吗？村上的童养媳妇被婆婆打断了一条腿，村上的绅士逼他的女儿饿死做烈女，你知道吗？

有志求新生活的男女少年！我们有什么权利，丢开这许多的事业去做那避世的新村生活！我们放着这个恶沌的旧村，有什么面孔，有什么良心，去寻那"和平幸福"的新村生活！

九，一，二六

（原载1920年1月15日上海《时事新报》，又载1920年4月1日《新潮》第2卷第3号）

人生有何意义

一　答某君书

……我细读来书,终觉得你不免作茧自缚。你自己去寻出一个本不成问题的问题,"人生有何意义?"其实这个问题是容易解答的。人生的意义全是各人自己寻出来,造出来的:高尚,卑劣,清贵,污浊,有用,无用,……全靠自己的作为。生命本身不过是一件生物学的事实,有什么意义可说?生一个人与一只猫,一只狗,有什么分别?人生的意义不在于何以有生,而在于自己怎样生活。你若情愿把这六尺之躯葬送在白昼作梦之上,那就是你这一生的意义。你若发愤振作起来,决心去寻求生命的意义,去创造自己的生命的意义,那么,你活一日便有一日的意义,作一事便添一事的意义,生命无穷,生命的意义也无穷了。

总之，生命本没有意义，你要能给他什么意义，他就有什么意义。与其终日冥想人生有何意义，不如试用此生作点有意义的事。……

十七，一，廿七
（原载1928年8月5日《生活》周刊第3卷第38期）

二 为人写扇子的话

知世如梦无所求，无所求心普空寂。
还似梦中随梦境，成就河沙梦功德。

王荆公小诗一首，真是有得于佛法的话。认得人生如梦，故无所求。但无所求不是无为。人生固然不过一梦，但一生只有这一场做梦的机会，岂可不努力做一个轰轰烈烈像个样子的梦？岂可糊糊涂涂懵懵懂懂混过这几十年吗？

十八，五，十三

"宁鸣而死,不默而生"
九百年前范仲淹争自由的名言

几年前,有人问我,美国开国前期争自由的名言"不自由,毋宁死"(原文是Patrick Henry在1775年的"给我自由,否则给我死""Give me liberty,or give me death"),在中国有没有相似的话。我说,我记得是有的,但一时记不清是谁说的了。

我记得是在王应麟的《困学纪闻》里见过有这样一句话,但这几年我总没有机会去翻查《困学纪闻》。今年偶然买得一部影印元本的《困学纪闻》,昨天检得卷十七有这一条:

> 范文正《灵乌赋》曰:"宁鸣而死,不默而生。"其言可以立懦。

"宁鸣而死,不默而生",当时往往专指谏诤的自由,我们现在叫做言论自由。

范仲淹生在西历989,死在1052,他死了九百零三年了。他作《灵乌赋》答梅圣俞的《灵乌赋》,大概是在景佑三年(1036)他同欧阳修、余靖、尹洙诸人因言事被贬谪的时期。这比亨利柏得烈的"不自由,毋宁死"的话要早七百四十年。这也可以特别记出,作为中国争自由史上的一段佳话。

梅圣俞名尧臣,生在西历1003,死在1061。他的集中有《灵乌赋》。原是寄给范仲淹的,大意是劝他的朋友们不要多说话。赋中有这句子:

> 凤不时而鸣,
> 乌哑哑兮招唾骂于里间。
> 乌兮,事将乖而献忠,
> 人反谓尔多凶。……
> 胡不若凤之时鸣,
> 人不怪兮不惊!……
> 乌兮,尔可,
> 吾今语汝,庶或我(原作汝,似误)听。
> 结尔舌兮钤尔喙,

> 尔饮啄兮尔自遂,
> 同翱翔兮八九子,
> 勿噪啼兮勿睥睨,
> 往来城头无尔累。

这篇赋的见解、文辞都不高明。(圣俞后来不知因何事很怨恨范文正,又有《灵乌后赋》,说他"憎鸿鹄之不亲,爱燕雀之来附。既不我德,又反我怒。……远己不称,昵己则誉。"集中又有《谕乌诗》,说,"乌时来佐凤,署置且非良,咸用所附己,欲同助翱翔。"此下有一长段丑诋的话,好像也是骂范文正的。这似是圣俞传记里一件疑案;前人似没有注意到。)

范仲淹作《灵乌赋》,有自序说:

> 梅君圣俞作是赋,曾不我鄙,而寄以为好。因勉而和之,庶几感物之意同归而殊途矣。

因为这篇赋是中国古代哲人争自由的重要文献,所以我多摘抄几句:

> 灵乌,灵乌,
> 尔之为禽兮何不高飞而远翥?

何为号呼于人兮告吉凶而逢怒!

方将折尔翅而烹尔躯,

徒悔焉而亡路。

彼哑哑兮如诉,

请臆对而忍谕:

我有生兮累阴阳之含育,

我有质兮虑天地之覆露。

长慈母之危巢,

托主人之佳树。……

母之鞠兮孔艰,

主之仁兮则安。

度春风兮既成我以羽翰,

眷高柯兮欲去君而盘桓。

思报之意,厥声或异:

忧于未形,恐于未炽。

知我者谓吉之先,

不知我者谓凶之类。

故告之则反灾于身,

不告之则稔祸于人。

主恩或忘,我怀靡臧。

虽死而告,为凶之防。

亦由桑妖于庭,惧而修德,俾王之兴;
雉怪于鼎,惧而修德,俾王之盛。
天听甚迩,人言曷病!
被希声之凤皇,
亦见讥于楚狂。
彼不世之麒麟,
亦见伤于鲁人。
凤岂以讥而不灵?
麟岂以伤而不仁?
故割而可卷,孰为神兵?
焚而可变,孰为英琼?
宁鸣而死,不默而生!
胡不学太仓之鼠兮,
何必仁为,丰食而肥?
仓苟竭兮,吾将安归!
又不学荒城之狐兮,
何必义为,深穴而威?
城苟圮兮,吾将畴依!
…………
我鸟也勤于母兮自天,
爱于主兮自天。

> 人有言兮是然。
> 人无言兮是然。

这是九百多年前一个中国政治家争取言论自由的宣言。

赋中"忧于未形,恐于未炽"两句,范公在十年后(1046),在他最后被贬谪之后一年,作《岳阳楼记》,充分发挥成他最有名的一段文字:

> 嗟夫,予尝求古仁人之心,……不以物喜,不以己悲,居庙堂之高则忧其民,处江湖之远则忧其君,是进亦忧,退亦忧。然则何时而乐耶?其必曰"先天下之忧而忧,后天下之乐而乐"乎?噫,微斯人,吾谁与归?

当前此三年(1043)他同韩琦、富弼同在政府的时期,宋仁宗有手诏,要他们"尽心为国家诸事建明,不得顾忌"。范仲淹有《答手诏条陈十事》,引论里说:

> 我国家革五代之乱,富有四海,垂八十年。纲纪制度,日削月侵,官壅于下,民困于外,夷狄骄盛,寇盗横炽,不可不更张以救之。……

这是他在那所谓"庆历盛世"的警告。那十事之中,有"精贡举"一事,他说

> ……国家乃专以辞赋取进士,以墨义取诸科。士皆舍大方而趋小道。虽济济盈庭,求有才有识者,十无一二。况天下危困,乏人如此,将何以救?在乎教以经济之才,庶可以救其不逮。或谓救弊之术无乃后时?臣谓四海尚完,朝谋而夕行,庶乎可济。安得晏然不救、坐俟其乱哉?

这是在中原沦陷之前八十三年提出的警告。这就是范仲淹说的"忧于未形,恐于未炽";这就是他说的"先天下之忧而忧"。

从中国向来智识分子的最开明的传统看,言论的自由,谏诤的自由,是一种"自天"的责任,所以说,"宁鸣而死,不默而生"。

从国家与政府的立场看,言论的自由可以以鼓励人人肯说"忧于未形,恐于未炽"的正论危言,来替代小人们天天歌功颂德、鼓吹升平的滥调。

纽约读书笔记
(原载1955年4月1日《自由中国》第12卷第7期)

中国公学十八年级毕业赠言

诸位毕业同学:你们现在要离开母校了,我没有什么礼物送给你们,只好送你们一句话罢。

这一句话是:"不要抛弃学问。"以前的功课也许有一大部分是为了这张毕业文凭,不得已而做的,从今以后,你们可以依自己的心愿去自由研究了。趁现在年富力强的时候,努力做一种专门学问。少年是一去不复返的,等到精力衰时,要做学问也来不及了。即为吃饭计,学问决不会辜负人的。吃饭而不求学问,三年五年之后,你们都要被后进少年淘汰掉的。到那时再想做点学问来补救,恐怕已太晚了。

有人说:"出去做事之后,生活问题急须解决,那有工夫去读书?即使要做学问,既没有图书馆,又没有实验室,那能做学问?"

我要对你们说:凡是要等到有了图书馆方才读书的,

有了图书馆也不肯读书。凡是要等到有了实验室方才做研究的，有了实验室也不肯做研究。你有了决心要研究一个问题，自然会搏衣节食去买书，自然会想出法子来设置仪器。

至于时间，更不成问题。达尔文一生多病，不能多作工，每天只能做一点钟的工作。你们看他的成绩！每天花一点钟看十页有用的书，每年可看三千六百多页书；三十年可读十一万页书。

诸位，十一万页书可以使你成一个学者了。可是，每天看三种小报也得费你一点钟的工夫；四圈马将也得费你一点半钟的光阴。看小报呢？还是打马将呢？还是努力做一个学者呢？全靠你们自己的选择！

易卜生说："你的最大责任是把你这块材料铸造成器。"

学问便是铸器的工具。抛弃了学问便是毁了你们自己。

再会了！你们的母校眼睁睁地要看你们十年之后成什么器。

十八，六，廿五

（收入1929年7月《中国公学毕业纪念册》）

赠与今年的大学毕业生

这一两个星期里,各地的大学都有毕业的班次,都有很多的毕业生离开学校去开始他们的成人事业。学生的生活是一种享有特殊优待的生活,不妨幼稚一点,不妨吵吵闹闹,社会都能纵容他们,不肯严格的要他们负行为的责任。现在他们要撑起自己的肩膀来挑他们自己的担子了。在这个国难最紧急的年头,他们的担子真不轻!我们祝他们的成功,同时也不忍不依据我们自己的经验,赠与他们几句送行的赠言,——虽未必是救命毫毛,也许作个防身的锦囊罢!

你们毕业之后,可走的路不出这几条:绝少数的人还可以在国内或国外的研究院继续作学术研究;少数的人可以寻着相当的职业;此外还有做官,办党,革命三条路;此外就是在家享福或者失业闲居了。第一条继续求学之路,我们可以不讨论。走其余几条路的人，都不能没有堕落的危险。堕落的方式很多，总括起来，约有这两大类：

第一是容易抛弃学生时代的求知识的欲望。你们到了实际社会里，往往所用非所学，往往所学全无用处，往往可以完全用不着学问，而一样可以胡乱混饭吃，混官做。在这种环境里，即使向来抱有求知识学问的决心的人，也不免心灰意懒，把求知的欲望渐渐冷淡下去。况且学问是要有相当的设备的；书籍，试验室，师友的切磋指导，闲暇的工夫，都不是一个平常要糊口养家的人所能容易办到的。没有做学问的环境，又谁能怪我们抛弃学问呢？

第二是容易抛弃学生时代的理想的人生的追求。少年人初次与冷酷的社会接触，容易感觉理想与事实相去太远，容易发生悲观和失望。多年怀抱的人生理想，改造的热诚，奋斗的勇气，到此时候，好像全不是那么一回事。眇小的个人在那强烈的社会炉火里，往往经不起长时期的烤炼就熔化了，一点高尚的理想不久就幻灭了。抱着改造社会的梦想而来，往往是弃甲曳兵而走，或者做了恶势力的俘虏。你在那俘虏牢狱里，回想那少年气壮时代的种种理想主义，好像都成了自误误人的迷梦！从此以后，你就甘心放弃理想人生的追求，甘心做现成社会的顺民了。

要防御这两方面的堕落，一面要保持我们求知识的欲望，一面要保持我们对于理想人生的追求。有什么好法子呢？依我个人的观察和经验，有三种防身的药方是值得一试的。

第一个方子只有一句话："总得时时寻一两个值得研究的问题！"问题是知识学问的老祖宗；古今来一切知识的产生与积聚，都是因为要解答问题，——要解答实用上的困难或理论上的疑难。所谓"为知识而求知识"，其实也只是一种好奇心追求某种问题的解答，不过因为那种问题的性质不必是直接应用的，人们就觉得这是"无所为"的求知识了。我们出学校之后，离开了做学问的环境，如果没有一个两个值得解答的疑难问题在脑子里盘旋，就很难继续保持追求学问的热心。可是，如果你有了一个真有趣的问题天天逗你去想他，天天引诱你去解决他，天天对你挑衅笑你无可奈何他，——这时候，你就会同恋爱一个女子发了疯一样，坐也坐不下，睡也睡不安，没工夫也得偷出工夫去陪她，没钱也得撙衣节食去巴结她。没有书，你自会变卖家私去买书；没有仪器，你自会典押衣服去置办仪器；没有师友，你自会不远千里去寻师访友。你只要能时时有疑难问题来逼你用脑子，你自然会保持发展你对学问的兴趣，即使在最贫乏的智识环境中，你也会慢慢的聚起一个小图书馆来，或者设置起一所小试验室来。所以我说：第一要寻问题。脑子里没有问题之日,就是你的智识生活寿终正寝之时!古人说,"待文王而兴者,凡民也。若夫豪杰之士,虽无文王犹兴"。试想葛理略(Calileo)和牛敦(Newton)有多少藏书?有多少仪器?他们不过是有问题而已。有了问题而后,他们自会造出仪器来解答他们的问题。没有问题的人们,关在图书馆里也不会用书,锁在试验室里也不会有什么发现。

第二个方子也只有一句话:"总得多发展一点非职业的兴趣。"离开学校之后,大家总得寻个吃饭的职业。可是你寻得的职业未必就是你所学的,或者未必是你所心喜的,或者是你所学而实在和你的性情不相近的。在这种状况之下,工作就往往成了苦工,就不感觉兴趣了。为糊口而作那种非"性之所近而力之所能勉"的工作,就很难保持求知的兴趣和生活的理想主义。最好的救济方法只有多多发展职业以外的正当兴趣与活动。一个人应该有他的职业,又应该有他的非职业的顽艺儿,可以叫做业余活动。凡一个人用他的闲暇来做的事业,都是他的业余活动。往往他的业余活动比他的职业还更重要,因为一个人的前程往往全靠他怎样用他的闲暇时间。他用他的闲暇来打马将,他就成个赌徒;你用你的闲暇来做社会服务,你也许成个社会改革者;或者你用你的闲暇去研究历史,你也许成个史学家。你的闲暇往往定你的终身。英国十九世纪的两个哲人,弥儿(J.S.Mill)终身做东印度公司的秘书，然而他的业余工作使他在哲学上，经济学上，政治思想史上都占一个很高的位置；斯宾塞（Spencer）是一个测量工程师，然而他的业余工作使他成为前世纪晚期世界思想界的一个重镇。古来成大学问的人，几乎没有一个不是善用他的闲暇时间的。特别在这个组织不健全的中国社会，职业不容易适合我们性情，我们要想生活不苦痛或不堕落，只有多方发展业余的兴趣，使我们的精神有所寄托，使我们的剩余精力有所施展。有了这种心爱的顽艺儿，你就做六个钟头的抹桌子工夫也不会感觉烦闷了，因为你知道，抹了六点钟的桌子之后，你可以回家去做你的化学研究，或画完你的大幅山水，或写你的小说戏曲，或继续你的历史考据，或做你的社会改革事业。你有了这种称心如意的活动，生活就不枯寂了，精神也就不会烦闷了。

第三个方子也只有一句话："你总得有一点信心。"我们生当这个不幸的时代，眼中所见，耳中所闻，无非是叫我们悲观失望的。特别是在这个年头毕业的你们，眼见自己的国家民族沉沦到这步田地，眼看世界只是强权的世界，望极天边好像看不见一线的光明，——在这个年头不发狂自杀，已算是万幸了，怎么还能够希望保持一点内心的镇定和理想的信任呢？我要对你们说：这时候正是我们要培养我们的信心的时候！只要我们有信心，我们还有救。古人说："信心

（Faith）可以移山。"又说："只要工夫深，生铁磨成绣花针。"你不信吗？当拿破仑的军队征服普鲁士占据柏林的时候，有一位穷教授叫做菲希特（Fichte）的，天天在讲堂上劝他的国人要有信心，要信仰他们的民族是有世界的特殊使命的，是必定要复兴的。菲希特死的时候（1814），谁也不能预料德意志统一帝国何时可以实现。然而不满五十年，新的统一的德意志帝国居然实现了。

一个国家的强弱盛衰，都不是偶然的，都不能逃出因果的铁律的。我们今日所受的苦痛和耻辱，都只是过去种种恶因种下的恶果。我们要收将来的善果，必须努力种现在的新因。一粒一粒的种，必有满仓满屋的收，这是我们今日应该有的信心。

我们要深信：今日的失败，都由于过去的不努力。

我们要深信：今日的努力，必定有将来的大收成。

佛典里有一句话："福不唐捐。"唐捐就是白白的丢了。我们也应该说："功不唐捐！"没有一点努力是会白白的丢了的。在我们看不见想不到的时候，在我们看不见想不到的方向，你瞧！你下的种子早已生根发叶开花结果了！

你不信吗？法国被普鲁士打败之后，割了两省地，赔了五十万万佛郎的赔款。这时候有一位刻苦的科学家巴斯德（Pasteur）终日埋头在他的试验室里做他的化学试验和微菌学研究。他是一个最爱国的人，然而他深信只有科学可以救国。他用一生的精力证明了三个科学问题：(1) 每一种发酵作用都是由于一种微菌的发展；(2) 每一种传染病都是由于一种微菌在生物体中的发展；(3) 传染病的微菌，在特殊的培养之下，可以减轻毒力，使它从病菌变成防病的药苗。——这三个问题，在表面上似乎都和救国大事业没有多大的关系。然而从第一个问题的证明，巴斯德定出做醋酿酒的新法，使全国的酒醋业每年减除极大的损失。从第二个问题的证明，巴斯德教全国的蚕丝业怎样选种防病，教全国的畜牧农家怎样防止牛羊瘟疫，又教全世界的医学界怎样注重消毒以减除外科手术的死亡率。从第三个问题的证明，巴斯德发明了牲畜的脾热瘟的疗治药苗，每年替法国农家减除了二千万佛郎的大损失；又发明了疯狗咬毒的治疗法，救济了无数的生命。所以英国的科学家赫肯黎（Huxley）在皇家学会里称颂巴斯德的功绩道："法国给了德国五十万万佛郎的赔款，巴斯德先生一个人研究科学的成绩足够还清这一笔赔款了。"

巴斯德对于科学有绝大的信心，所以他在国家蒙奇辱大难的时候，终不肯抛弃他的显微镜与试验室。他绝不想他的显微镜底下能偿还五十万万佛郎的赔款，然而在他看不见想不到的时候，他已收获了科学救国的奇迹了。

朋友们,在你最悲观最失望的时候,那正是你必须鼓起坚强的信心的时候。你要深信:天下没有白费的努力。成功不必在我,而功力必不唐捐。

二十一,六,二十七夜

(原载1932年7月3日《独立评论》第7号)

北大哲学系毕业纪念赠言

一个大学里,哲学系应该是最不时髦的一系,人数应该最少。但北大的哲学系向来有不少的学生,这是我常常诧异的事。我常常想,这许多哲学学生,毕业之后,应该做些什么事?能够做些什么事?

现在你们都要毕业了。你们自然也都在想,"我们应该做些什么?我们能够做些什么?"

依我的愚见,一个哲学系的目的应该不是教你们死读哲学书,也不是教你们接受某派某人的哲学。

禅宗有个和尚曾说,"达摩东来,只是要寻一个不受人惑的人"。我想借用这句话来说:"哲学教授的目的也只是要造出几个不受人惑的人。"

你们应该做些什么?你们应该努力做个不受人惑的人。

你们能够做个不受人惑的人吗?这个全凭自己的努力。

如果你们不敢十分自信,我这里有一件小小法宝,送给你们带去做一件防身工具。这件小法宝只是四个字:"拿证据来!"

这里还有一只小小锦囊,装着这件小法宝的用法:"没有证据,只可悬而不断;证据不够,只可假设,不可武断;必须等到证实之后,方才可以算做定论。"

必须自己能够不受人惑,方才可以希望指引别人不受人惑。

朋友们,大家珍重!

二十,五,五,胡适

(收入耿云志主编:《胡适遗稿及秘藏书信》第12册)

北京大学五十周年

北京大学今年整五十岁了。在世界的大学之中,这个五十岁的大学只能算一个小孩子。欧洲最古的大学,如意大利的萨劳诺(Salerno)大学是一千年前创立的;如意大利的波罗那(Bologna)大学是九百年前创立的。如法国的巴黎大学是八百多年前一两位大师创始的。如英国的牛津大学也有八百年的历史了,剑桥大学也有七百多年的历史了。今年4月中,捷克都城的加罗林大学庆祝六百年纪念。再过十六年,波兰的克拉可(Cracow)大学,奥国的维也纳大学都要庆祝六百年纪念了。全欧洲大概至少有五十个大学是五百年前创立的。

在十二年前,我曾参加美国哈佛大学的三百年纪念;八年前,我曾参加美国彭州大学(University of Pennsylvania)的二百年纪念。去年到今年,普林斯敦(Princeton)大学补祝二百年纪念，清华、北大都有代表参加。再过三年，耶尔大学要庆祝二百五十年纪念了。美国独立建国不过是一百六七十年前的事；可是这个新国家里满二百年的大学已有好几个。

所以在世界大学的发达史上，刚满五十岁的北京大学真是一个小弟弟，怎么配发帖子做生日，惊动朋友赶来道喜呢！

我曾说过，北京大学是历代的"太学"的正式继承者，如北大真想用年岁来压倒人，他可以追溯"太学"起于汉武帝元朔五年（西历纪元前124年）公孙弘奏请为博士设弟子员五十人。那是历史上可信的"太学"的起源，到今年是两千零七十二年了。这就比世界上任何大学都年高了！

但北京大学向来不愿意承认是汉武帝以来的太学的继承人，不愿意卖弄那二千多年的高寿。自从我到了北大之后，我记得民国十二年（1923）北大纪念二十五周年，廿七年纪念四十周年，都是承认戊戌年是创立之年（北大也可以追溯到同治初年同文馆的设立，那也可以把校史拉长二十多年。但北大好像有个坚定的遗规，只承认戊戌年"大学堂"的设立是北大历史的开始）。

这个小弟弟年纪虽不大，着实有点志气！他在这区区五十年之中，已经过了许多次的大灾难，吃过了不少的苦头。他是"戊戌新政"的产儿，但他还没生下地，那百日的新政早已短命死了，他就成了"新政"遗腹子。他还不满两周岁,就遇着义和拳的大乱,牺牲了两年的生命。辛亥革命起来时,他还只是一个十三岁的小孩子。民国成立的初期,他也受了政治波浪的影响,换了许多次校长。直到蔡元培、蒋梦麟两位先生相继主持北大的三十年之中,北大才开始养成一点持续性,才开始造成一个继续发展的学术中心。可是在这三十年之中,北大也经过不少的灾难。北大的三十周年(民国十七年,1928)纪念时,他也变成北平大学的一个学院了。他的四十周年(民国二十七年,1938)纪念是在昆明流离时期举行的。

我今天要特别叙说北大遭遇的最大的一次危机,并且要叙述北大应付那危机的态度。

话说民国二十年一月,蒋梦麟先生受了政府的新任命,回到北大来做校长。他有中兴北大的决心,又得到了中华教育文化基金董事会的研究合作费国币壹百万元的援助,所以他能放手做去,向全国去挑选教授与研究的人才。他是一个理想的校长,有魄力,有担当,他对我们三个院长说:"辞退旧人,我去做;选聘新人,你们去做。"

蒋校长和他的同事们费了整整八个月的工夫筹备北大的革新。我们准备9月17日开学,全国教育界也颇注意北大的中兴,都预料9月17日北大的新阵容确可以"旌旗变色",建立一个"新北大"的底子。

民国二十年（1931）9月17日，新北大开学了。蒋校长和全校师生都很高兴。可怜第二天就是"九一八"！那晚上日本的军人在沈阳闹出了一件震惊全世界的事件，造成了第二次世界大战的序幕！

我们北大同人只享受了两天的高兴。9月19日早晨我们知道了沈阳的大祸，我们都知道空前的国难已到了我们的头上，我们的敌人决不容许我们从容努力建设一个新的国家。我们那八个月辛苦筹备的"新北大"，不久也就要被摧毁了！

但我们在那个时候，都感觉一种新的兴奋，都打定主意，不顾一切，要努力把这个学校办好，努力给北大打下一个坚实可靠的基础。所以北大在那最初六年的国难之中，工作最勤，从没有间断。现在的地质馆、图书馆、女生宿舍都是那个时期里建筑的。现在北大的许多白发教授，都是那个时期埋头苦干的少壮教授。

我讲这段故事，是要说明北大这个多灾多难的孩子实在有点志气，能够在很危险，很艰苦的情形之下努力做工，努力奋斗。我觉得这个"国难六年中继续苦干"的故事在今日是值得我们北大全体师生记忆回念的，——也许比"五四"、"六三"等等故事还更有意味。

现在我们又在很危险、很艰苦的环境里给北大做五十岁生日，我用很沉重的心情叙述他多灾多难的历史，祝福他长寿康强，祝他能安全的渡过眼前的危难正如同他渡过五十年中许多次危难一样！

胡适　卅七，十二，十三

（收入《北京大学五十周年纪念特刊》，北京大学出版部1948年12月出版）

为学生运动进一言

我在十五年前，曾提出一条历史的公式：

> 在变态的社会国家里，政治太腐败了，国民又没有正式的纠正机关（如代表民意的国会之类），那时候，干预政治的运动一定是从青年的学生界发生的。

这条公式是"古今中外"都可以适用的。从东汉北宋的太学生干涉政治，直到近年的"公车上书"，留学生组织革命党，五四运动，民十三以后的国民革命，共产党运动等等，这都是"古今一例"的。从中国两千年的学生干政，到欧洲各国最近三百年中的种种政治革命与社会革命，到眼前全世界的各种学生干政运动（例如连日报纸所记埃及学生的排英运动），也都是"中外一理"的。

这个道理是很明显的。中年老年的人，壮气早消磨了，世故深了，又往往有身家之累，所以都容易采取明哲保身的态度，不肯轻易参加各种带有危险性的政治活动。只有少年学生的感情是容易冲动的，胆子是大的；他们没有家室之累，理智也不曾完全压倒情绪，所以他们一受了义愤的鼓动，往往能冒大险，做出大牺牲，不肯瞻前顾后，也不能迟徊犹豫。古今中外，同是一样的。

懂得了这一条很浅近的历史公例，我们就应该明白，这几年中国国难之下青年学生的沉寂只是一种变态，而不是常轨。这沉寂的原因，一部分固然是自身能力脆薄的觉悟，一部分还是政治势力的压抑。绝大多数学生确然觉悟了这回国难的空前严重性，觉悟了口号标语游行示威的绝对无力，所以他们决心向图书馆实验室里去寻求他们将来报效国家的力量。然而这不是近年学生界沉寂的主因，因为这一类学生本来是沉寂的，他们压根儿就不是闹政治运动的材料，凡是干政运动总是少数"好事""好动"的青年们鼓动起来的。而近年"特务机关"的密布，秘密告讦的盛行，往往使各地学校里的好事分子销声匿迹。此项政治活动的策动人物的被压抑，似是近年学生界沉寂的主要原因。

一个开明的政府应该努力做到使青年人心悦诚服的爱戴，而不应该滥用权力去摧残一切能纠正或监督政府的势力。在外患最严重压迫的关头，在一个汉奸遍地的时势，国家最需要的是不畏强御的舆论和不顾利害的民气。我们这个国家今日所缺少的，不是顺民，而是有力量的诤臣义士。因此，近年政府钳制独立舆论和压迫好动的青年的政策，我们都认为国家不幸的事。

我们试回头想想，在三四年前，我们还能自信，国家的军备不能作战时，我们还有经济的武器可以使用。如今呢？可怜我们只许谈经济的提携了！这一项经济的武器的失其效能，一半由于没有政府的后盾，一半也由于舆论和爱国青年的被钳伏。

今年五六月之间，华北受了压迫，报纸不登一条新闻，不发一句评论，全国青年睡在鼓里，无声无息的几乎丢了整个的华北！

独立的舆论，爱国的青年，都无声无息的时候，所谓"自治"运动却公然抬头露面了。这是必然的结果。偌大的地面早已成了"无人之境"，奸人们还不公然活动，更待何时！

所以12月9日北平各校的学生大请愿游行，是多年沉寂的北方青年界的一件最可喜的事。我们中年人尚且忍不住了，何况这些血气方刚的男女青年！

那一天下午三点多钟，我从王府井大街往北去，正碰着学生游行的队伍从东安门大街往南来。人数不算多，队伍不算整齐，但我们望见他们，真不禁有"空谷足音"之感了。

那一天的学生反对"自治"大请愿，虽然平津各报都不许记载，(《大公报》虽然登了，但因禁令还未解除，北平看不见。)却是天下皆知的壮举。天下人从此可以说，至少有几千中国青年学生是明白表示不承认那所谓"自治"的傀儡丑戏的。

但是9日以后，各校学生忽然陆续有罢课的举动，这是我们认为很不幸的。

罢课是最无益的举动。在十几年前，学生为爱国事件罢课可以引起全国的同情。但是五四以后，罢课久已成了滥用的武器，不但不能引起同情，还可以招致社会的轻视与厌恶。这是很浅显的事实，青年人岂可不知道？

罢课不但不能丝毫感动抗议的对象，并且决不能得着绝大多数好学的青年人的同情。所以这几天鼓动罢课的少数人全靠播弄一些无根的谣言来维持一种浮动的心理。城内各校传说清华大学死了一个女生；城外各校传说师范大学死了一个女生。其实都是毫无根据的谣言。这样的轻信，这样的盲动，是纯洁的青年学生界的耻辱。捏造这种谣言来维持他们的势力的人，是纯洁的青年运动的罪人。

我们爱护青年运动的人，不忍不向他们说几句忠告的话。第一，青年学生应该认清他们的目标。在这样的变态政治之下，赤手空拳的学生运动只能有一个目标，就是用抗议的喊声来监督或纠正政府的措施。他们的喊声是舆论，是民意的一种表现。用在适当的时机，这种抗议是有力量的，可以使爱好的政府改过迁善，可以使不爱好的政府有所畏惧。认清了这一点，他们就可以明白一切超过这种抗议作用（舆论作用）的直接行动，都不是学生集团运动的目标。

第二，青年学生应该认清他们的力量。他们的力量在于组织，而组织必须建筑在法治精神的基础之上。法治精神只是明定规律而严守他。一切选举必须依法，一切讨论必须使人人能表现其意见，一切决议必须合法。必须如此，然后团体的各个分子可以心悦诚服，用自由意志来参加团体的生活。这样的组织才有力量。一切少数人的把持操纵，一切浅薄的煽惑，至多只能欺人于一时，终不能维持长久，终不能积厚力量。

第三，青年学生应该认清他们的方法。他们都在受教育的时代，所以一切学生活动都应该含有教育自己训练自己的功用。这不是附带的作用，这是学生运动的方法本身。凡自由的发表意见，虚心的研究问题，独立的评判是非，严格的遵守规则，勤苦的锻炼身体，牺牲的维护公众利益，这都是有教育价值与训练功用的。此外，凡盲从，轻信，武断，压迫少数，欺骗群众，假公济私，破坏法律，都不是受教育时代的青年人应该提倡的，所以都不是学生运动的方法。团体生活的单位究竟在于健全的个人人格。学生运动必须注意到培养能自由独立而又能奉公守法的个人人格。一群被人糊里糊涂牵着鼻子走的少年人，在学校时决不会有真力量，出了校门也只配做顺民，做奴隶，而已。

第四，青年学生要认清他们的时代。我们今日所遭的国难是空前的大难，现在的处境已够困难了，来日的困难还要千百倍于今日。在这个大难里，一切耸听的口号标语固然都是空虚无补，就是在适当时机的一声抗议至多也不过临时补漏救弊而已。青年学生的基本责任到底还在平时努力发展自己的知识与能力。社会的进步是一点一滴的进步，国家的力量也靠这个那个人的力量。只有拼命培养个人的知识与能力是报国的真正准备工夫。

（原载1935年12月15日天津《大公报》星期论文，又载1935年12月22日《独立评论》第182号）

再论学生运动

我在《为学生运动进一言》一篇里,曾指出:"一个开明的政府应该努力做到使青年人心悦诚服的爱戴,而不应该滥用权力去摧残一切能纠正或监督政府的势力。"我也指出12月9日北平学生反对"自治"的大请愿游行是"天下皆知的壮举"。

但同时我也指出:9日以后各校学生陆续罢课是"很不幸的",是"最无益的举动"。我很诚恳的指出,"罢课不但不能引起同情,还可以招致社会的轻视";"不但不能丝毫感动抗议的对象,并且决不能得着绝大多数好学青年的同情"。

北平学校罢课至今还不曾停止。从12月9日到我写此文的时候,已是整整两个星期了。在这个时期中,12月16日,北平学生又有一次大规模的示威游行,参加的人数有五六千人。不幸军警当局手忙脚乱的弹压制止,在许多地点滥用武器打伤学生多人，刺伤学生多人，受伤的总数约近一百人。有些受伤较重的学生至今还在医院里。据公安局的宣布，警察受伤的也有二十余人。16日以前，罢课的形势颇有收束的可能；16日的惨剧，虽然没有因伤死亡的学生，却给了无数学生一种重大的刺激，同时也给了全国人一种绝大的震动。18日以后，南京、天津、上海、武汉、广州各地的学生也都有大规模的请愿游行；但因为军警用和平手段维持秩序，所以各地都没有发生什么冲突。迄今日为止，各地还没有长时间罢课的表示。北平各校虽有各大学校长的两次劝告同学复课书，罢课的风潮已蔓延到全市中学。12月21日起，各市立和私立中学都被市政府命令提前放假了。各大学至今没有复课的消息。

关于北平两次学生游行的事，我们不能不认当局的处置是错误的。9日的请愿，何应钦部长应该命令军警妥为保护，应该亲自出来接见学生，劝慰学生回校；关在西直门外的学生，他应该亲自开城去见他们，接受他们的请愿，劝慰他们回去。何部长不应该避学生，不应该先一晚避往汤山。这是革命军人不应该做的事。16日的示威游行，军警当局事先不知道学生游行的路线和目的地，——其实，据参加的一些学生自己的谈话，他们自己也很少知道游行的目的地和路线的！——军警在那天上午的手忙脚乱是可以原谅的。(凡大规模的游行,都应该在事前将路线和目的地通告警察机关,然后可以责成警察机关维持秩序。我在民国四年看见纽约市"妇女参政"的五十万人示威大游行,民国二十二年看见纽约市的"蓝鹰运动"五十万人大游行,都没有丝毫纷扰。凡事先没有此种接洽,或军警与游行者有点互相猜疑,都不免有纷扰的结果。)但军警在上午赶打已冲散的学生,用武器刺打徒手的学生,甚至于用刀背打女学生,用刀刺伤女学生,——这都是绝对不可恕的野蛮行为。那天晚上,八点以后,在顺治门外的军警用武器赶打已分散的男女学生,——更是最不可恕的野蛮行为。这都是穿武装的人们的大耻辱。

关于北平学生继续罢课,我们希望他们平心考虑北平各大学校长第二次劝告同学的话。蒋、梅、徐诸校长说:

> 我们对于青年同学爱国心的表现,当然是很同情的。但此等群众行动,有抗议的功用,而不是实际救国的方法。诸位同学都在求学时期,有了两次的抗议,尽够唤起民众昭告天下了。实际报国之事,决非赤手空拳喊口号发传单所能收效。青年学生认清了报国目标,均宜努力训练自己成为有智识有能力的人才,以供国家的需要。若长此荒废学业,虚掷光阴,岂但于报国救国毫无裨益,简直是青年人自放弃其本身责任,自破坏国家

将来之干城了。

我们也希望青年学生留意全国舆论界的表示。例如今天《大公报》的短评说：

> 凡中国人而有天良者，对于学生只有感动与悲愧，但不能不劝告〔他们〕从速复课。……请愿的目的为拥护国权。政府已接受了，表明正在努力。那么，〔他们〕只有一面监视着政府，一面上课。……全世界听见中国青年的呼声了！国难方长，学问上的责任也不容放弃呀！

青年学生要明白，全国舆论对于他们的抗议是完全热烈的表同情的，但对于他们的罢课是绝对不表同情的。我上回说的"罢课不但不能引起同情，还可以招致社会的轻视与厌恶"，正是要指出这一点。果然，这几天全国的舆论都是反对罢课的。如果青年人不能接受这样恳切的劝告，他们决不能避免社会的轻视与厌恶的！

所以我们爱护青年的人，不忍不向他们提出一个建议：我们不但希望他们即日复课，并且希望他们请求学校当局取消本学年的年假和寒假,以供补课及考试之用。已提前放假的各校学生,也应该请求学校提早开学,并取消年假和寒假。

廿四,十二,廿二夜

(原载1935年12月29日《独立评论》第183号)

《独立评论》引言

我们八九个朋友在这几个月之中，常常聚会讨论国家和社会的问题，有时候辩论很激烈，有时候议论居然颇一致。我们都不期望有完全一致的主张，只期望各人都根据自己的知识，用公平的态度，来研究中国当前的问题。所以尽管有激烈的辩争，我们总觉得这种讨论是有益的。

我们现在发起这个刊物，想把我们几个人的意见随时公布出来，做一种引子，引起社会上的注意和讨论。我们对读者的期望，和我们对自己的期望一样：也不希望得着一致的同情，只希望得着一些公正的，根据事实的批评和讨论。

我们叫这刊物作《独立评论》，因为我们都希望永远保持一点独立的精神。不倚傍任何党派，不迷信任何成见，用负责任的言论来发表我们各人思考的结果；这是独立的精神。

我们几个人的知识见解是很有限的,我们的判断主张是难免错误的。我们很诚恳的请求社会批评,并且欢迎各方面的投稿。

(原载1932年5月22日《独立评论》第1号)

《独立评论》的一周年

《独立评论》是去年5月22日出版的,原定寒假中或有印刷上的不方便,所以每年只出五十期,现在已出到五十一期了。一周岁的婴孩本来不值得什么纪念,可是在这一年之中,我们承许多朋友的帮忙,使这个刊物随时得着不少的好文字,并且时时得着很有益的指导,我们很想借这个周年号对这些好朋友表示很诚挚的谢意。

《独立评论》社的社员只有十一个人,每人除每月捐出所认捐本刊经费之外,还须长期担任为本刊作文字。我们都是有职业的人,忙里偷闲来作文字,不但不能持久,也不会常有好文字做出来。所以我们每天希望社外的朋友来帮助我们。果然,社外的朋友不曾叫我们失望。《独立评论》出了几期之后,社外投稿渐渐增加了,直到后来有时候我们差不多可以全靠社外的文字出一期报,我们不过替他们尽一点编辑校对发行的责任，或者加上一两篇比较有时间性的政论文字。有时候投稿的作者是我们从未识面的人，我们因这个刊物竟添了不少新朋友。这是我们最感觉快慰的事。我们办这个刊物，本来不希望它做我们这十一二个人的刊物，也不希望它成为我们的朋友的刊物；我们自始就希望它成为全国一切用公心讨论社会政治问题的人的公共刊物。我们曾说过：我们不期望有完全一致的主张，只期望各人都根据自己的知识，用公平的态度，来研究中国当前的问题。这一年以来投稿的增多至少可以证明国内有不少的朋友对于我们这种态度表示信任，所以我们感觉很愉快的安慰。现在我把这五十期的文稿的来源，试做成一表如下：

《独立评论》期数	社员撰稿篇数	社外投稿篇数
第一至十期	43	7
第十一至二十期	33	26
第廿一至三十期	30	25
第三一至四十期	29	27
第四一至五十期	22	32
总　　计	157	117

社员的稿子逐渐减少，而社外的投稿逐渐增多，这不但

减轻了我们这几个人的文字负担,并且显示了社会上对我们表同情的人逐渐加多。如果这个趋势能继续发展,使这个小刊物真成为我们所希望的公共刊物,那就是我们发起的人最高兴最满意的了。

在这个最严重的国难时期,我们只能用笔墨报国,这本来是很无聊的事。但我们也不因此就轻视我们自己的工作。我们自己回头看看这一年的工作,虽然很感觉不满意,然而也还有几点是我们自己至今认为值得提倡,值得"锲而不舍"的反复申明的。

第一,我们希望提倡一点"独立的精神"。我们曾说过:"不倚傍任何党派,不迷信任何成见,用负责任的言论来发表我们各人思考的结果:这是独立的精神。"我们深深的感觉现时中国的最大需要是一些能独立思想,肯独立说话,敢独立做事的人。古人说的,"贫贱不能移,富贵不能淫,威武不能屈",这是"独立"的最好说法。但在今日,还有两种重要条件是孟子当日不曾想到的:第一是"成见不能束缚",第二是"时髦不能引诱"。现今有许多人所以不能独立,只是因为不能用思考与事实去打破他们的成见;又有一种人所以不能独立,只是因为他们不能抵御时髦的引诱。"成见"在今日所以难打破,是因为有一些成见早已变成很固定的

"主义"了。懒惰的人总想用现成的,整套的主义来应付当前的问题,总想拿事实来傅〔附〕会主义。有时候一种成见成为时髦的风气,或成为时髦的党纲信条,那就更不容易打破了。我们所希望的是一种虚心的,公心的,尊重事实的精神。例如"开发西北"是一种时髦的主张,我们所希望的只是要大家先研究西北的事实(本刊第三期及第四期《中国人口分布与土地利用》),然后研究西北应该如何开发(本刊第四十期《如何开发西北》)。又如"建设"是一种最时髦的风气,我们所希望只是要大家研究建设应该根据什么材料做计划,计划应该如何整理,如何推行(本刊第五期《建设与计划》),并且要研究在现时的实际情形之下究竟有多少建设事业可做(本刊第三十期《多言的政府》,第四十九期《从农村救济谈到无为的政治》,第二十三期《中国矿业的厄运》)。这种态度是一定不能满足现时一般少年读者的期望的,尤其是我们对于中日问题的许多文字。我们不说时髦话,不唱时髦的调子,只要人撇开成见,看看事实,因为我们深信只有事实能给我们真理,只有真理能使我们独立。有一位青年读者对我们说,"读《独立评论》,总觉得不过瘾!"是的,我们不供给青年过瘾的东西,我们只妄想至少有些读者也许可以因此减少一点每天渴望麻醉的瘾。

第二,我们希望提倡一点"反省的态度"。希腊哲人教人:"认得你自己",中国哲人也教人"自知者明"。我们最忧虑的是近二十年来中国人的虚骄与夸大狂,是我们不认识自己的弱点与危机。我们认为这真是亡国的现象,所以我们不惜在大家狂热的虚骄心与夸大狂上面去浇冰冷水。我们要大家深刻的认识"一个国家的强弱盛衰都不是偶然的,都不能逃出因果的铁律的。我们今日所受的苦痛和耻辱,都只是过去种种恶因种下的恶果"。(本刊第七期《赠与今年的大学毕业生》;第十八期《惨痛的回忆与反省》,第四十一期《全国震惊以后》。)我们要大家拿镜子照照我们自己的罪孽,要大家深刻的反省:"贫到这样地步,鸦片白面害到这样地步,贪污到这样地步,人民愚昧到最高官吏至今还信念经诵咒可以救国的地步,(今天报上还载着何键送一位法师去替蒋中正医牙痛,替熊式辉医脚痛哩!)这个国家是不能自存于这个现代世界的。"我们认这种自责的态度是真正的"心理建设"的基础。必须自己认错了,然后肯死心塌地的去努力学上进。

第三,我们希望提倡一种"工作的人生观"。我们曾说:

> 我们要深信:今日的失败,都由于过去的不努力。
>
> 我们要深信:今日的努力,必定有将来的大收成。
>
> (第七期《赠与今年的大学毕业生》)

我们曾说:

在这样苦境中,你只有努力工作;你更应该拼命做你的工作。世界上只有真正的工作能够造成人类的幸福。(第十期《一个打破烦闷的方法》)

我们曾说:

欧美的富强是至少二三百年努力的结果。日本也经过六十年小心翼翼拼命工作,方能够有今日放肆的力量。我们从落伍的国家要赶上人家,非但要努力,真还要拼命。苏俄的建设工作便是拼命赶的榜样。……人就是为工作生的,不工作就是辜负此生。播了种一定会有收获,用了力决不至于白费。……万一中国亡了,那时候我们要工作人家都不要也不许我们工作了。趁现在中国还是我们的,我们正应该起日暮途远之感,拼命的工作。虽然我们觉悟已经太晚了,也许神明之胄天不绝人,靠我们今日的努力能造下复兴的基础。说到极点,即使中国暂时亡了,我们也要留下一点工作的成绩叫世界上知道我们尚非绝对的下等民族。只要我们真肯努力,便如波兰捷克也还有复兴的日子。(第十五期《我的意见不过如此》)

我们曾说:

> 佛典里有一句话:"福不唐捐。"唐捐就是白白的丢了。我们也应该说:"功不唐捐。"没有一点努力是会白白的丢了的。在我们看不见想不到的方向,你瞧!你下的种子早已生根发叶开花结果了!(第七期《赠与今年的大学毕业生》)

工作!拼命工作!这是我们要向一切中国人宣传的人生观。救国做人,无他秘诀,无他捷径,只有这一句老话。

我们回头看看我们这一年说的话,不过如此而已。然而我们并不惭愧,因为这都是我们良心上要说的话。

1933,5,15

(原载1933年5月21日《独立评论》第51号)

又大一岁了

这两天忙着替这个小孩子收受各位好朋友赏给它做三周的糖果,我自己竟没有工夫给它办点寿果了。我现在只能代表这孩子十分诚恳的向各位好朋友谢谢赠送糖果的好意。

这个孩子是民国二十一年五月二十二日出世的。我们在他周岁的时候(第五十一号),曾说过:

> 我们办这个刊物,本来不希望它做我们这十一二个人的刊物,也不希望它成为我们的朋友的刊物;我们自始就希望它成为全国一切用公心讨论社会政治问题的人的公共刊物。

这三年来,我们的希望可以说是渐渐实现了:《独立评论》渐渐成为全国用公心讨论政治社会问题的人的公共刊物了。

试举一件值得报告的事实。《独立》在这三年之中，总共发表了七百九十六篇文章（编辑后记不计），其中

　　社员作的　　372篇　　占百分之四六・七
　　社外投稿　　424篇　　占百分之五三・三
　　总　　计　　796

试分年比较如下：

	篇数	社员稿	百分比	社外稿	百分比
第一年	274	157	57.3	117	42.7
第二年	244	109	44.7	135	55.3
第三年	278	106	38.2	172	61.8

这样我们原来创办人的文字逐年递减，从全数百分之五七降到百分之三八；而社外投稿逐年递加，从百分之四三加到百分之六二。这不是《独立》渐渐成为一个全国公共刊物的实证吗？

三年的八百篇文字，其中四百二十四篇是社外朋友义务的投稿，这个孩子当然是大家公共生育抚养的了。

我说这段话，当然不是有意抹煞《独立评论》社的各位社员的创办和维持的苦心。远在《独立》出版之先，从民国二十一年一月起，《独立》社员就开始捐款，每月抽出他们的固定收入的百分之五；后来刊物稍有入款了，他们的捐款才减到百分之二.五。直到最近一年多，捐款才停止。捐款总数为四千二百零五元。这是他们对这个孩子经济上的供给。

社员常作文的不过八个人，这些各有职业的忙人，在三年之中为《独立》写了三百七十篇文字，真可说是绞乳汁喂养这个孩子了。这是他们在文字上的供给。

自从《独立》开办以来，时常有人疑心这个孩子不是这十来个穷书生供养得起的，背后必然受有什么"后台老板"的津贴。日子久了，这种疑心逐渐消灭了。现在我们不妨借这机会报告一句：《独立》所以能维持到今日，不全靠那四千二百元的社员捐款。它的最大的经济助力是那八百篇不取稿费的文字。这三百万字的文稿，依五块钱一千字计算，就要一万五千元了。我们不能不感谢这八百篇文章的作者：若没有他们的公心和热诚，这个孩子早已断乳饿死在摇篮里了。

在这贺周岁的日子，我们不要忘了这个孩子还有一位忠心的看护妇。我们创办这刊物的时候，就请黎昔非先生专管发行所的事务。说也惭愧，我是实行我的无为政治的，我在三年之中，只到过发行所一次！这三年的发行，校对，杂务，全是黎昔非先生一个人支持。每到星期日发报最忙的时候，他一个人忙不过来，总有他的许多青年朋友赶来尽义务，帮他卷报，装封，打包，对住址。还有我的朋友罗尔纲先生，章希吕先生，他们帮我做最后一次的校对，也都是这孩子应该十分感谢的。还有北平浙江兴业银行的几位朋友，他们尽义务替《独立》管账查账，也是我们十分感激的。

我们特别感谢陈之迈先生送来贺寿的一篇《教孩子的方法》。他在这篇文字里，特别发挥我们所期望的"独立"的精神。独立的精神就是自由思想的精神。我们在第一期的发刊《引言》里就说过：

> 我们都不期望有完全一致的主张，只期望各人都根据自己的知识，用公平的态度，来研究中国当前的问题。……
>
> 不倚傍任何党派，不迷信任何成见，用负责任的言论来发表我们各人思考的结果：这是独立的精神。

这寥寥两句话里，两次用了"各人"二字，这不是偶然的。在"九一八"事件发生之后不久，我们一二十个朋友曾几次聚会，讨论东三省的问题。我们公推蒋廷黻先生起草一个方案，我个人也起了一个方案。廷黻的方案已够温和了，我的方案更温和。大家讨论了许久，两个方案都不能通过：又公推两位去整理我们的草案，想合并修正作一个方案。结果是整理的方案始终没出现。我在那时就起了一个感想：如果我的一个方案不能一致通过这十来个好朋友，我还能妄想得着多数国民的接受吗？这是一个很悲观的结论。但我又转念一想：我有什么特殊资格可以期望我的主张一定成为大家一致接受的方案呢？我的主张不过是我个人思考的结果；我要别人平心考虑我思考的结果，我也应该平心考虑别人思考的结果。我的思想有被接受的期望，别人的思想也都可以有被接受的期望。最好的方法是承认人人各有提出他自己的思想信仰的自由权利；承认人人各有权利期望他的思想信仰逐渐由一二人或少数人的思想信仰变成多数人的思想信仰。只要是用公心思考的结果，都是值得公开讨论的。

所以我们在半年后开办《独立评论》，就采用这个"各人"自己负言论责任的根本态度。除了第一期的《引言》不署名之外，篇篇文字各用作者自己的姓名发表。这个态度最初还不能完全得着社员的了解。例如我的《论对日外交方针》（第五号）发表后，傅孟真先生曾对我说："这篇文字要是先经过聚餐会的讨论，恐怕就登不出来了。"可见那时候聪明的孟真也还看不惯这种各人自己负责任的办法。但这个方法后来逐渐用惯了，大家也都不很觉得奇怪了。例如国联调查团的报告书公布时，《独立》（第二十一至二十二号）就发表了三篇很不同的评论：我不妨称它为"一个代表世界公论的报告"，孟真不妨称它为"一件含糊的杰作"。此外更明显的例子是独裁与民治的讨论，武力统一的问题，建设与无为的问题，西化的问题等等，我们总是充分登载不同的主张，有时候，独立到《独立》社员自己开起很激烈的笔战来了！

我们很可以安慰自己的就是我们从不曾因为各人主张的不同而伤害朋友的交情。《独立》社员至今没有一个散伙的。有一次，我的一篇《保全华北的重要》（第五十二三号）引起了孟真的抗议，他写信来说他要永远脱离《独立》了。但后来我们当面谈过，彼此也都谅解了，孟真至今还是《独立评论》的台柱子。

我拉杂写了这些往事，只是要说明这种独立的态度在这一群朋友之间的意义。关于这种精神在社会政治上的功用，我们很热心的介绍陈之迈先生的寿文。

最后，我们十分高兴的感谢我们的七千读者。他们能忍耐这样一个说平实话的刊物到三年之久，这是我们最感觉安慰的。

二十四，五，十四

（原载1935年5月19日《独立评论》第151号）

《独立评论》的四周年

《独立评论》今天开始他的第五年了。

我们很感谢各位朋友送了许多糖果来祝贺这个小孩子的四周年生日,我们特别感谢"君衡"先生的祝寿词。"君衡"先生说,《独立》的四周岁有三个值得祝贺的理由:第一,《独立》的销路渐渐增加,可证国人对这个刊物的同情逐渐增加;第二,《独立》能保持他的"智理的公平态度";第三,《独立》能在一个苦痛的时势里保持他的乐观的勇气。

关于销路这一层,我们自己也感觉很大的欣慰。我在第一五一号(三周年纪念号)曾提到"我们的七千个读者",我们现在可以说"我们的一万三千个读者"了。在这一年之中,销路增加到一倍,其中有好几期都曾再版,这是我们最感觉高兴的。

《独立》的销路增加,固然是如"君衡"先生说的,

"可知国人如何同情于这个以研究中国当前问题为目的的刊物"。但我们自己的私心总希望这种同情心的增加是因为国中读杂志的人的胃口的逐渐改变。我在三年前（第五十一号）曾说：

> 我们不说时髦话，不唱时髦的调子，只要人撇开成见，看看事实，因为我们深信只有事实能给我们真理，只有真理能使我们独立。有一位青年读者对我们说，"读《独立评论》，总觉得不过瘾！"是的，我们不供给青年过瘾的东西，我们只妄想至少有些读者也许可以因此减少一点每天渴望麻醉的瘾。

在当时我们真感觉那是一种"妄想"，因为我们不作刺激性的文字，不供给"低级趣味"，又不会搬弄意义模糊的抽象名词，当然不能叫青年读者过瘾，当然不能希望读者的增加。但这三年以来，读者增加了一万，我们的乐观使我们又"妄想"读者的胃口确实改变了，那每天渴望麻醉的瘾确实减少了。

我们今天又从陶希圣先生的文章里得着一个有趣的旁证。陶先生说他在江南听见朋友说"那一带很有些人喜欢《独立评论》，最大的原因是他不唱高调"。

其实"高调"和"低调"都不是确当的名词。在我们的眼里，有许多所谓"高调"都只是献媚于无知群众的"低调"。我们自己说的话，别人尽管说是"低调"，我们自己倒往往认为很"高"的调子。所以平心说来，调子没有什么高低可说。所可说的只是：说的话是不是用我们的公心和理智去思考的结果？说话的人是不是愿意对于他的主张负道德上的责任？我们在三年前曾说：

> 孔子曾说："故君子名之必可言也，言之必可行也。君子于其言，无所苟而已矣。"言之必可行也，这就是"无所苟"，这就是自己对自己的话负责任。……作政论的人更不可不存这种"无所苟"的态度。因为政论是为社会国家设想，立一说或建一议都关系几千万或几万万人的幸福与痛苦。一言或可以兴邦，一言也可以丧邦。所以作政论的人更应该处处存哀矜敬慎的态度，更应该在立说之前先想像一切可能的结果，——必须自己的理智认清了责任而自信负得起这种责任，然后可以出之于口，笔之于书，成为"无所苟"的政论。（第四十六号）

这种敬慎的态度当然不能叫人麻醉，不能叫人过瘾。但我们深信，这种态度是我们应该提倡的，至少是我们应该时时督责我们自己严格实行的。我们也深信，这种态度虽然没有麻醉的能力，到底是解救麻醉的有效药剂。清茶淡饭，吃惯了也自然有点味道。这三年的《独立》读者的增加，居然使我们更相信清茶淡饭也许有可以替代吗啡海洛英的一天。

最后，我要报告：这四年之中，《独立》总共登载了一千零七十一篇文字，其中

社员作的	483篇	约占百分之四五
社外投稿	588篇	约占百分之五五
共　计	1071篇	

分年比较如下：

	篇数	社员稿	百分比	社外稿	百分比
第一年	274	157	57.3	117	42.7
第二年	244	109	44.7	135	55.3
第三年	278	106	38.2	172	61.8
第四年	275	111	40.4	164	59.6

在这第四年之中,尤其是最近这半年,社员之中,死了一人,南迁的有七人之多,南迁的社员又都因事务的繁重不能多为《独立》作文字,所以这半年的《独立》,三分之二的稿子是全靠社外朋友供给的:

一五一至一七五号(上半年)

社员稿　　　73篇　　　53.3%

社外稿　　　64篇　　　46.7%

　　　　　共137篇

一七六至二〇〇号(下半年)

社员稿　　　47篇　　　34%

社外稿　　　91篇　　　66%

　　　　　共138篇

这是我们最高兴又最应该感谢的。我们在三年前就说过:

> 我们办这个刊物,本来不希望他做我们这十一二个人的刊物,也不希望他成为我们的朋友的刊物。我们自始就希望他成为全国一切用公心讨论社会政治问题的人的公共刊物。(第五十一号)

上面的统计数字可以证明这个刊物真能逐渐变成全国人的公共刊物了。四年之中，社外的朋友供给了六百篇文字，——六百篇不取稿费的文字，——这是世界的舆论机关绝对没有的奇事，这是我们最足以自豪的一件事！这也是我们今天最值得祝贺的一件事。

我们借这个机会谢谢黎昔非先生和章希吕先生。他们终年勤勤恳恳的管理《独立评论》的发行，校对，印刷的事务。他们对于这个刊物的爱护和勤劳，常常给我们绝大的精神上的鼓舞。

廿五，五，十夜

（原载1936年5月17日《独立评论》第201号）

《新青年》重印题辞

《新青年》是中国文学史和思想史上划分一个时代的刊物，最近二十年中的文学运动和思想改革，差不多都是从这个刊物出发的。我们当日编辑作文的一班朋友，往往也不容易收存全份，所以我们欢迎这回《新青年》的重印。

胡　适
（收入重印本《新青年》第1卷，1936年9月上海亚东图书馆出版）

青年人的苦闷

今年6月2日早晨,一个北京大学一年级学生,在悲观与烦闷之中,写了一封很沉痛的信给我。这封信使我很感动,所以我在那个6月2日的半夜后写了一封一千多字的信回答他。

我觉得这个青年学生诉说他的苦闷不仅是他一个人感受的苦闷,他要解答的问题也不仅是他一个人要问的问题。今日无数青年都感觉大同小异的苦痛与烦闷,我们必须充分了解这件绝不容讳饰的事实,我们必须帮助青年人解答他们渴望解答的问题。

这个北大一年级学生来信里有这一段话:

> 生自小学毕业到中学,过了八年沦陷生活,苦闷万分,夜中偷听后方消息,日夜企盼祖国胜利,在深夜时

暗自流泪，自恨不能为祖国作事。对蒋主席之崇拜，无法形容。但胜利后，我们接收大员及政府所表现的，实在太不像话。……生从沦陷起对政府所怀各种希望完全变成失望，且曾一度悲观到萌自杀的念头。……自四月下旬物价暴涨，同时内战更打的起劲。生亲眼见到同胞受饥饿而自杀，以及内战的惨酷，联想到祖国的今后前途，不禁悲从中来，原因是生受过敌人压迫，实再怕作第二次亡国奴！……我伤心，我悲哀，同时我绝望——

在绝望的最后几分钟，问您几个问题。

他问了我七个问题，我现在挑出这三个：

一、国家是否有救？救的方法为何？

二、国家前途是否绝望？若有，希望在那里？请具体示知。

三、青年人将苦闷死了，如何发泄？

以上我摘抄这个青年朋友的话，以下是我答复他的话的大致，加上后来我自己修改引伸的话。这都是我心里要对一切苦闷青年说的老实话。

我们今日所受的苦痛，都是我们这个民族努力不够的当然结果。我们事事不如人：科学不如人，工业生产不如人，教育不如人，知识水准不如人，社会政治组织不如人；所以我们经过了八年的苦战，大破坏之后，恢复很不容易。人家送兵船给我们，我们没有技术人才去驾驶。人家送工厂给我们，——如胜利之后敌人留下了多少大工厂，——而我们没有技术人才去接收使用，继续生产，所以许多烟囱不冒烟了，机器上了锈，无数老百姓失业了！

青年人的苦闷失望——其实岂但青年人苦闷失望吗？——最大原因都是因为我们前几年太乐观了，大家都梦想"天亮"，都梦想一旦天亮之后就会"天朗气清，惠风和畅"，有好日子过了！

这种过度的乐观是今日一切苦闷悲观的主要心理因素。大家在那"夜中偷听后方消息，日夜企盼祖国胜利"的心境里，当然不会想到战争是比较容易的事，而和平善后是最困难的事。在胜利的初期，国家的地位忽然抬高了，从一个垂亡的国家一跳就成了世界上第四强国了！大家在那狂喜的心境里，更不肯去想想坐稳那世界第四把交椅是多大困难的事业。天下那有科学落后，工业生产落后，政治经济社会组织事事落后的国家可以坐享世界第四强国的福分！

试看世界的几个先进国家，战胜之后，至今都还不能享受和平的清福，都还免不了饥饿的恐慌。美国是唯一的例外。前年11月我到英国，住在伦敦第一等旅馆里，整整三个星期，没有看见一个鸡蛋！我到英国公教人员家去，很少人家有一盒火柴，却只用小木片向炉上点火供客。大多数人的衣服都是旧的补钉的。试想英国在三十年前多么威风！在第二次大战之中，英国人一面咬牙苦战，一面都明白战胜之后英国的殖民地必须丢去一大半，英国必须降为二等大国，英国人民必须吃大苦痛。但英国人的知识水准高，大家绝不悲观，都能明白战后恢复工作的巨大与艰难，必须靠大家束紧裤带，挺起脊梁，埋头苦干。

我们中国今日无数人的苦闷悲观，都由于当年期望太奢而努力不够。我们在今日必须深刻的了解：和平善后要比八年抗战困难的多多。大战时须要吃苦努力，胜利之后更要吃苦努力，才可以希望在十年二十年之中做到一点复兴的成绩。

国家当然有救，国家的前途当然不绝望。这一次日本的全面侵略，中国确有亡国的危险。我们居然得救了。现存的几个强国，除了一个国家还不能使我们完全放心之外，都绝对没有侵略我们的企图。我们的将来全靠我们自己今后如何努力。

正因为我们今日的种种苦痛都是从前努力不够的结果，所以我们将来的恢复与兴盛决没有捷径，只有努力工作一条窄路，一点一滴的努力，一寸一尺的改善。

悲观是不能救国的，呐喊是不能救国的，口号标语是不能救国的，责人而自己不努力是不能救国的。

我在二十多年前最爱引易卜生对他的青年朋友说的一句话："你要想有益于社会，最好的法子莫如把自己这块材料铸造成器。"我现在还要把这句话赠送给一切悲观苦闷的青年朋友。社会国家需要你们作最大的努力，所以你们必须先把自己这块材料铸造成有用的东西，方才有资格为社会国家努力。

今年4月16，美国南加罗林那州的州议会举行了一个很隆重的典礼，悬挂本州最有名的公民巴鲁克（Bernard M.Baruch）的画像在州议会的壁上，请巴鲁克先生自己来演说。巴鲁克先生今年七十七岁了，是个犹太种的美国大名人。当第一次世界大战时，威尔逊总统的国防顾问，是原料委员会的主任，后来专管战时工业原料。巴黎和会时，他是威尔逊的经济顾问。当第二次世界大战时，他是战时动员总署的专家顾问，是罗斯福总统特派的人造橡皮研究委员会的主任。战争结束后，他是总统特任的原子能管理委员会的主席。他是两次世界大战都曾出大力有大功的一个公民。

这一天，这位七十七岁的巴鲁克先生起来答谢他的故乡同胞对他的好意，他的演说辞是广播全国对全国人民说的。

他的演说，从头至尾，只有一句话：美国人民必须努力工作，必须为和平努力工作，必须比战时更努力工作。

巴鲁克先生说："现在许多人说借款给人可以拯救世界，这是一个最大的错觉。只有人们大家努力做工可以使世界复兴，如果我们美国愿意担负起保存文化的使命，我们必须作更大的努力，比我们四年苦战还更大的努力。我们必须准备出大汗，努力撙节，努力制造世界人类需要的东西，使人们有面包吃，有衣服穿，有房子住，有教育，有精神上的享受，有娱乐。"

他说："工作是把苦闷变成快乐的炼丹仙人。"他又说：美国工人现在的工作时间太短了，不够应付世界的需要。他主张：如果不能回到每周六天，每天八小时的工作时间，至少要大家同心做到每周四十四小时的工作；不罢工，不停顿，才可以做出震惊全世界的工作成绩来。

巴鲁克先生最后说："我们必须认清：今天我们正在四面包围拢来的通货膨胀的危崖上，只有一条生路，那就是工作。我们生产越多，生活费用就越减低；我们能购买的货物也就越加多，我们的剩余力量（物质的，经济的，精神的，）也就越容易积聚。"

我引巴鲁克先生的演说，要我们知道，美国在这极强盛极光荣的时候,他们远见的领袖还这样力劝全国人民努力工作。"工作是把苦闷变成快乐的炼丹仙人。"我们中国青年不应该想想这句话吗?

三十六,六,二十一

(收入《独立时论集》第一集,1948年4月北平独立时论社出版)

后生可畏

一万日还不满二十八年,《大公报》还不够做三十岁的寿辰。在这二十八年之中,《大公报》改组革新以来不过几年而已。这个几岁的小孩子,比起那快六十岁的《申报》和那快五十岁的《新闻报》,真是很幼稚的晚辈了。

然而这个小孩子居然在这几年之中,不断的努力,赶上了那些五六十岁的老朽前辈,跑在他们的前面;不但从一个天津的地方报变成一个全国的舆论机关,并且安然当得起"中国最好的报纸"的荣誉。这真是古人说的"后生可畏"了。

《大公报》所以能有这样好的名誉,不过是因为他在这几年之中做到了两项最低限度的报纸职务:第一是登载确实的消息,第二是发表负责任的评论。这两项都是每一家报馆应该尽的职务。只因为国中的报纸都不敢做,或不肯做,或不能做,而《大公报》居然肯努力做去,并且有不小的成功,所以他就一跳而享大名了。

君子爱人以德,我们不敢过分恭维这个努力的小孩子。我们要他明白,他现在做到的成绩还不算很大,只算是个个报馆都应该有的成绩。只因为大家太不长进,所以让他跑到前面去了。在矮人国里称巨无霸,是不应该自己满足的。我们爱读《大公报》的人,应该很诚恳的祝望他努力更进一步两步以至百千步,期望他打破"中国最好的报纸"的纪录,要在世界的最好报纸之中占一个荣誉的地位。

要做到这种更荣誉的地位,有几个问题似乎是值得《大公报》的诸位先生注意的:

第一,在这个二十世纪里,还有那一个文明国家用绝大多数人民不能懂的古文来记载新闻和发表评论的吗?

第二,在这个时代,一个报馆还应该倚靠那些谈人家庭阴私的黑幕小说来推广销路吗?还是应该努力专向正确快捷的新闻和公平正直的评论上谋发展呢?

第三,在这个时代,一个舆论机关还是应该站在读者的前面做向导呢?还是应该跟在读者的背后随顺他们呢?

《大公报》的前途无限,我们的期望也无限。

二十,五,八

(收入耿云志主编:《胡适遗稿及秘藏书信》第12册)

回顾与反省

今天的纪念盛会，我很想说几句话；不幸我在病中，不能正坐写字，所以只能极简单的发表一个意见，一面纪念过去，一面希望将来。

我看这五年的北大，有两大成绩。第一是组织上的变化，从校长学长独裁制变为"教授治校"制；这个变迁的大功效在于：（一）增加教员对于学校的兴趣与情谊；（二）利用多方面的才智；（三）使学校的基础稳固，不致因校长或学长的动摇而动摇全体。第二是注重学术思想的自由，容纳个性的发展。这个态度的功效在于：（一）使北大成为国内自由思想的中心；（二）引起学生对于各种社会运动的兴趣。

然而我们今天反观北大的成绩，我们不能不感觉许多歉意。我们不能不说：学校组织上虽有进步，而学术上很少成绩；自由的风气虽有了，而自治的能力还是很薄弱的。

我们纵观今天展览的"出版品",我们不能不挥一把愧汗。这几百种出版品之中,有多少部分可以算是学术上的贡献?近人说,"但开风气不为师"(龚定庵语)。此话可为个人说,而不可为一个国立大学说。然而我们北大这几年的成绩只当得这七个字:开风气则有余,创造学术则不足。这不能不归咎于学校的科目了。我们有了二十四个足年的存在,而至今还不曾脱离"禅贩"的阶级!自然科学方面姑且不论;甚至于社会科学方面也还在禅贩的时期。三千年的思想、宗教、政治、法制、经济、生活、美术……的无尽资料,还不曾引起我们同人的兴趣与努力!这不是我们的大耻辱吗?

至于自治一层,我们更惭愧了。三年组不成的学生会,到了上一个月,似乎有点希望了。然而两三星期的大发议论,忽然又烟消雾散了!10月17日的风潮,还不够使我们感觉学生自治团体的需要吗?今回办纪念会的困难,还不够使我们感觉二千多人没有组织的痛苦吗?

我们当这个纪念过去的日子,应该起一种反省:

学校的组织趋向于教授治校,是一进步。

学校的组织与设备不能提高本校在学术上的贡献,是一大失败。

学校提倡学术思想上的自由,是不错的。

学校的自由风气不能结晶于自治能力的发展,是一大危机。

所以我个人对于这一次纪念会的祝词是：

祝北大早早脱离裨贩学术的时代，而早早进入创造学术的时代。

祝北大的自由空气与自治能力携手同程并进。

（原载1922年12月17日《北京大学日刊·本校第二十五年之成立纪念号》）

我们对于学生的希望[1]

今天是5月4日。我们回想去年今日,我们两人都在上海欢迎杜威博士,直到5月6日方才知道北京5月4日的事。日子过的真快,匆匆又是一年了。

当去年的今日,我们心里只想留住杜威先生在中国讲演教育哲学;在思想一方面提倡实验的态度和科学的精神;在教育一方面输入新鲜的教育学说,引起国人的觉悟,大家来做根本的教育改革。这是我们去年今日的希望。不料事势的变化大出我们意料之外。这一年以来,教育界的风潮几乎没有一个月平静的;整整的一年光阴就在这风潮扰攘里过去了。

这一年的学生运动,从远大的观点看起来,自然是几

---

[1] 编者注:本文以胡适与蒋梦麟两人的名义发表。

十年来的一件大事。从这里面发生出来的好效果，自然也不少：引起学生的自动精神，是一件；引起学生对于社会国家的兴趣，是二件；引出学生的作文演说的能力、组织的能力、办事的能力，是三件；使学生增加团体生活的经验，是四件；引起许多学生求知识的欲望，是五件；这都是旧日的课堂生活所不能产生的。我们不能不认为学生运动的重要贡献。

社会若能保持一种水平线以上的清明，一切政治上的鼓吹和设施，制度上的评判和革新，都应该有成年的人去料理；未成年的一班人（学生时代的男女），应该有安心求学的权利，社会也用不着他们做学校生活之外的活动。但是，我们现在不幸生在这个变态的社会里，没有这种常态社会中人应该有的福气；社会上许多事，被一班成年的或老年的人弄坏了，别的阶级又都不肯出来干涉纠正，于是这种干涉纠正的责任，遂落在一般未成年的男女学生的肩膀上。这是变态的社会里一种不可免的现象。现在有许多人说学生不应该干预政治，其实并不是学生自己要这样干，这都是社会和政府硬逼出来的。如果社会国家的行为没有受学生干涉纠正的必要，如果学生能享安心求学的幸福而不受外界的强烈刺激和良心上的督责，他们又何必甘心抛了宝贵的光阴，冒着生命的危险，来做这种学生运动呢？

简单一句话：在变态的社会国家里面，政府太卑劣腐败了，国民又没有正式的纠正机关（如代表民意的国会之类），那时候干预政治的运动，一定是从青年的学生界发生的。汉末的太学生，宋代的太学生，明末的结社，戊戌政变以前的公车上书，辛亥以前的留学生革命党，俄国从前的革命党，德国革命前的学生运动，印度和朝鲜现在的独立运动，中国去年的"五四"运动与"六三"运动，都是同一个道理，都是有发生的理由的。

但是我们不要忘记：这种运动是非常的事，是变态的社会里不得已的事。但是他又是很不经济的不幸事，因为是不得已，故他的发生是可以原谅的。因为是很不经济的不幸事，故这种运动是暂时不得已的救急办法，却不可长期存在的。

荒唐的中年老年人闹下了乱子，却要未成年的学生抛弃学业，荒废光阴，来干涉纠正，这是天下最不经济的事。况且中国眼前的学生运动更是不经济。何以故呢？试看自汉末以来的学生运动，试看俄国、德国、印度、朝鲜的学生运动，那有一次用罢课作武器的？即如去年的"五四"与"六三"，这两次的成绩，可是单靠罢课作武器的吗？单靠用罢课作武器，是最不经济的方法，是下下策。屡用不已，是学生运动破产的表现！

罢课于敌人无损,于自己却有大损失。这是人人共知的。但我们看来,用罢课作武器,还有精神上的很大损失:

(一)养成倚赖群众的恶心理。现在的学生很像忘了个人自己有许多事可做。他们很像以为不全体罢课便无事可做。个人自己不肯牺牲,不敢做事,却要全体罢了课来呐喊助威,自己却躲在大众群里跟着呐喊。这种倚赖群众的心理是懦夫的心理!

(二)养成逃学的恶习惯。现在罢课的学生,究竟有几个人出来认真做事,其余无数的学生,既不办事,又不自修,究竟为了什么事罢课?从前还可说是激于义愤的表示,大家都认作一种最重大的武器,不得已而用之。久而久之,学生竟把罢课的事看作很平常的事。我们要知道,多数学生把罢课看作很平常的事,这便是逃学习惯已养成的证据。

(三)养成无意识的行为的恶习惯。无意识的行为就是自己说不出为什么要做的行为。现在不但学生把罢课看作很平常的事,社会也把学生罢课看作很平常的事。一件很重大的事,变成了很平常的事,还有什么功效灵验?既然明知没有灵验功效,却偏要去做;一处无意识的做了,别处也无意识的盲从。这种心理的养成,实在是眼前和将来最可悲观的现象。

以上说的是我们对于现在学生运动的观察。

我们对于学生的希望,简单说来,只有一句话:"我们希望学生从今以后要注重课堂里,自修室里,操场上,课余时间里的学生活动。只有这种学生活动是能持久又最有功效的学生运动。"

这种学生活动有三个重要部分:

(1)学问的生活。

(2)团体的生活。

(3)社会服务的生活。

第一,学问的生活。这一年以来,最可使人乐观的一种好现象,就是许多学生对于知识学问的兴趣渐渐增加了。新出的出版物的销数增加,可以估量学生求知识的兴趣增加。我们希望现在的学生充分发展这点新发生的兴趣,注重学问的生活,要知道社会国家的大问题决不是没有学问的人能解决的。我们说的学问的生活,并不限于从前的背书抄讲义的生活。我们希望学生(无论中学、大学)都能注重下列的几项细目:

(1)注重外国文。现在中文的出版物,实在不够满足我们求知识的欲望。求新知识的门径在于外国文,每个学生至少须要能用一种外国语看书。学外国语须要经过查生字,记生字的第一难关。千万不要怕难,若是学堂里的外国文教员确是不好,千万不要让他敷衍你们,不妨赶跑他。

（2）注重观察事实与调查事实。这是科学训练的第一步。要求学校里用实验来教授科学。自己去采集标本，自己去观察调查。观察调查须要有个目的——例如本地的人口，风俗，出产，植物，鸦片烟馆等项的调查——还要注重团体的互助，分功合作，做成有系统的报告。现在的学生天天谈"二十一条"，究竟二十一条是什么东西，有几个人说得出吗？天天谈"高徐济顺"，究竟有几个指得出这条路在什么地方吗？这种不注重事实的习惯，是不可不打破的。打破这种习惯的唯一法子，就是养成观察调查的习惯。

（3）建设的促进学校的改良。现在的学校课程和教员，一定有许多不能满足学生求学的欲望的。我们希望学生不要专做破坏的攻击，须要用建设的精神，促进学校的改良。与其提倡考试的废止，不如提倡考试的改良；与其攻击校长不多买博物标本，不如提倡学生自去采集标本。这种建设的促进，比教育部和教育厅的命令的功效大得多咧。

（4）注重自修。灌进去的知识学问，没有多大用处的。真正可靠的学问都是从自修得来。自修的能力，是求学问的唯一条件。不养成自修的能力，决不能求学问。自修注重的事是：（一）看书的能力。（二）要求学校购备参考书报，如大字典、词典、重要的大部书之类。（三）结合同学多买书报，交换阅看。（四）要求教员指导自修的门径和自修的方法。

第二，团体的生活。五四运动以来，总算增加了许多学生的团体生活的经验。但是现在的学生团体有两大缺点：（一）是内容太偏枯了。（二）是组织太不完备了。内容偏枯的补救，应注意各方面的"俱分并进"。

(1) 学术的团体生活，如学术研究会或讲演会之类，应该注重自动的调查、报告、试验、讲演。

(2) 体育的团体生活，如足球、运动会、童子军、野外幕居，假期游行等等。

(3) 游艺的团体生活，如音乐、图画、戏剧等等。

(4) 社交的团体生活，如同学茶会、家人恳亲会、同乡会等等。

(5) 组织的团体生活，如本校学生会、自治会、各校联合会、学生联合总会之类。

要补救组织的不完备，应注重世界通行的议会法规（Parliamantary Law）的重要条件。简单说来，至少须有下列的几个条件：

(1) 法定开会人数。这是防弊的要件。

(2) 动议的手续，与修正议案的手续。这是议会法规里最繁难又最重要的一项。

(3) 发言的顺序。这是维持秩序的要件。

(4) 表决的方法。(一) 须规定某种议案必须全体几分之几的可决，某种必须到会人数几分之几的可决，某种仅须过半数的可决。(二) 须规定某种重要议案必须用无记名投票，某种必须用有记名投票。某种可用举手的表决。

(5) 凡是代表制的联合会——无论校内校外——皆须有复决制（Referendum）。遇重大的案件，代表会议的议决案，必须再经过会员的总投票。总会的议决案，必须再经过各分会的复决。

(6) 议案提出后，应有规定的讨论时间，并须限制每人发言的时间与次数。

现在许多学生会的章程，只注重职员的分配，却不注重这些最要紧的条件，这是学生团体失败的一个大原因。

此外还须注意团体生活最不可少的两种精神：

(1) 容纳反对党的意见。现在学生会议的会场上，对于不肯迎合群众心理的言论，往往有许多威压的表示，这是暴民专制，不是民治精神。民治主义的第一个条件，就是要使各方面的意见都可自由发表。

(2) 人人要负责任。天下有许多事，都是不肯负责任的"好人"弄坏的。好人坐在家里叹气，坏人在议场上做戏，天下事所以败坏了。不肯出头负责的人，便是团体的罪人，便不配做民治国家的国民。民治主义的第二个条件，是人人要负责任,要尊重自己的主张,要用正当的方法来传播自己的主张。

第三,社会服务的生活。学生运动是学生对于社会国家的利害发生兴趣的表示,所以各处都有平民夜学、平民讲演的发起。我们希望今后的学生继续推广这种社会服务的事业。这种事业,一来是救国的根本办法;二来是学生的能力做得到的;三来可以发展学生自己的学问与才干;四来可以训练学生待人接物的经验。我们希望学生注意以下各点:

(1)平民夜校。注重本地的需要,介绍卫生的常识,职业的常识,和公民的常识。

(2)通俗讲演。现在那些"同胞快醒,国要亡了"、"杀卖国贼"、"爱国是人生的义务"等等空话的讲演,是不能持久的,说了两三遍就没有了。我们希望学生注重科学常识的讲演,改良风俗的讲演,破除迷信的讲演,譬如你今天演说"下雨",你不能不先研究雨是怎样来的,何以从天上下来;听的人也可以因此知道雨不是龙王菩萨洒下来的,也可以知道雨不是道士和尚求得下来的。又如你明天演说"种田何以须用石灰作肥料",你就不能不研究石灰的化学,听的人也可以因此知道肥料的道理。这种讲演,不但于人有益,于自己也极有益。

(3)破除迷信的事业。我们希望学生不但用科学的道理来解释本地的种种迷信，并且还要实行破除迷信的事业。如求神合婚，求仙方，放焰口，风水等等迷信，都该破除。学生不来破除迷信，迷信是永远不会破除的。

（4）改良风俗的事业。我们希望学生用力去做改良风俗的事业。如女子缠足的，现在各处多有，学生应该组织天足会，相戒不娶小脚的女子。不能解放你的姊妹们的小脚，你就不配谈"女子解放"。又如鸦片烟与吗啡，现在各处仍旧很销行。学生应该组织调查队、侦察队或报告官府，或自动的捣毁烟间与吗啡店；你不能干涉你村上的鸦片吗啡，你也不配干预国家的大事。

以上说的是我们对于学生的希望。

学生运动已发生了，是青年一种活动力的表现。是一种好现象，决不能压下去的，也决不可把他压下去的。我们对于办教育的人的忠告是："不要梦想压制学生运动。学潮的救济只有一个法子，就是引导学生向有益有用的路上去活动。"

学生运动现在四面都受攻击，"五四"的后援也没有了，"六三"的后援也没有了。我们对于学生的忠告是："单靠用罢课作武器是下下策，可一而再，再而三的么？学生运动如果要想保存五四和六三的荣誉，只有一个法子，就是改变活动的方向，把五四和六三的精神用到学校内外有益有用的学生活动上去"。

我们讲的话，是很直率，但这都是我们的老实话。

（原载1920年5月4日《晨报副刊》《五四纪念增刊》，又载1920年5月《新教育》第2卷第5期）

我对于运动会的感想

我到美国入大学后，第一次去看我们大学和别的大学的足球竞争（Football，此系另一种很激烈的足球，与中国现行的不同）。入场券卖每人美金二元，但看的人竟有几千人之多。每到紧要关头，几千人同声喊着本校的"呼声"（yell）以鼓励场中的武士。有受伤的球员，扶下场时，大众也喊着"呼声"祝贺他，安慰他。我第一次观场，看见那野蛮的奋斗，听着那震耳的"呼声"，实在不惯；心里常想：这真是罗马时代的角抵和斗兽的遗风，很不人道的。

但是场中叫喊的人，不但是少年男女，还有许多白发的老教授，——我的植物教习罗里教授就坐在我的附近，——也拼命的喊着助威的"呼声"！我心里更不明白了。

但是我以后还去看过几次，看到第三次，我也不知不觉的站起来，跟着我们的同学们拼命的喊那助威的"呼声"！

难道我被那野蛮的遗风同化了吗？不是的，我渐渐把我从中国带去的"老人意态"丢开了，我也爱少年了！

我在北京大学住了五年，不知不觉的又被中国学生的"斯文样子"同化了，我的"老人意态"又差不多全回来了。

今天忽然听说北京大学要开一个运动会，这个消息使我很高兴。我的记忆力使我回到十二年前跟着大家大呼大喊的时候，我很想再有同样的机会使我弹去一点"老态"。我希望许多同学都来这运动场上尝尝少年的高兴，——把那斯文的老景暂时丢在讲堂上或寄宿舍里！

1922年4月21日
（原载1922年4月23日《北京大学日刊》）

刘治熙《爱国运动与求学》的来信附言[1]

刘先生说："……民众运动的歧途，负有指导之责者应当予以纠正，不应付之一叹。"我要回答刘先生，这正是我做那篇文字的动机。对于今日的群众运动，利用的有人，煽动的有人，但是"指导"的却很少人。我们明知自命"负有指导之责者"是要挨骂的；但我们忍不住了，不能不说几句良心逼迫的话。

我并没有"根本否认群众运动的价值"；我只想指出：救国事业不是短时间能做到的，而今日学生们做的群众运动却只能有短时间的存在；救国是一件重大事业，需要远大的预备，而跟着大家去呐喊却只能算是发发牢骚，出出气，算不得真正的救国事业。

---

[1] 编者注：此文标题为编者所拟。

刘先生问我:"民气的表现,除了赤手空拳的做些罢工抵货,和喊声咒骂的做些宣传请愿以外,还有什么花样呢?"这句话很叫我伤心。是的,花样变完了;又怎么办呢?

我要敬告刘先生和全国的青年学生:现在要换个花样了。

第一,青年学生应该注重有秩序的组织。今日学生纷纷加入政党,这不算是组织。学生团体本身没有组织,学生自己没有组织的训练,而仅仅附属于外面现成的,有作用的党派,那是无益的。学生时代的组织所以可贵,正在于两点:(1)学生自己参加,自己受组织的训练;(2)没有轨外的作用,不过是学生生活的一种必需的团体生活。现在的学生团体完全是轨外的组织;平日不曾受过有秩序的团体训练,到有事的时候,内部可以容少数人的操纵,外面可以受有作用的人的利用;稍有意见的纷歧,也不能用法律上的解决,必闹到分裂捣乱而后罢休,——有时闹到分裂捣乱还不肯罢休。所以我们奉劝青年学生第一要注重那些有秩序而无作用的纯粹学生组织的训练,这是做公民的基础,也是做群众运动的基础。

第二,青年学生如要想干预政治,应该注重学识的修养。你们不听见吴稚晖先生说孙中山先生没有一天不读书吗?民国八年五月初,我去访中山先生,他的寓室内书架上装的都是那几年新出版的西洋书籍。他的朋友都可以证明他的书籍不是摆架子的，是真读的。中山先生所以能至死保留他的领袖资格，正因为他终身不忘读书，到老不废修养。其余那许多革命伟人，享了盛名之后便丢了书本子，学识的修养停止了，领袖的资格也就放弃了。我们自然不能期望个个青年学生都做孙中山；但我们期望个个青年学生努力多做点学问上的修养。第一要不愧是个学生，然后第二可以做个学生的革命家。现在有许多少年人高谈"取消廿一条"而不知道"廿一条"是什么，大喊"打倒帝国主义"而不知道帝国主义是什么，口口声声自命的什么主义的信徒，而不知道这个什么主义的历史与意义，——这样的人就不配叫做"学生"，更不配做什么学生救国的运动。

十四，九，二十二　胡适

（原载1925年9月26日《现代评论》第2卷第42期）

新年的好梦

今年是统一后的第一年,我们做老百姓的,在庆祝新年的热闹里,总不免有时要白昼做梦,想像我们今年可以眼见的好现象,想像我们今年可以身受的好福气。

好梦人人有,我也不让别人,今天写出来,给全国同胞祝福。

第一,我们梦想今年全国和平,没有一处刀兵。各位武装领袖如有什么争执,都可以从容讨论,平和解决。各位长衫同志有饭的吃饭,有粥的吃粥,服务的服务,出洋考察的出洋考察,都不必去东挑西拨,惹是生非,让我们老百姓过一年和平的日子。

第二,我们梦想今年全国裁兵,——有计划的裁兵,确确实实的裁兵。我们梦想今年的"编遣会议"不单是一个巨头会议,应该有经济专家,农垦专家,工商代表,财政专家，参预裁兵的计划。现在每月一千八百万的军费若不减去一大半，我们休想做太平的梦。

第三，我们梦想今年关税新税则实行后，一切苛捐杂税可以完全取消。十七年召集的裁厘委员会议议决的"裁撤国内通过税施行大纲"所决定裁撤的十一项通过税（厘金，落地税，铁路货捐，邮包厘金，常关税，子口税，等等），本应于十七年底裁撤完毕，我们梦想他们今年都可以次第裁了。

第四，我们梦想新成立的铁道部在本年内能做到下列几项成绩：(1) 把全国已成铁路收为真正国有，不许仍旧归军人有。(2) 把各路收入完全用在各路的建设事业上。(3) 筹划几条不容再缓的干路，在本年内可以开工。前一个月在各报上看见"胶济路本年度收入状况"的报告，说这条路在日本人势力之下，本年度收入骤增，可得利银四百七十万元，可还欠款二百四十万元，所余纯利尽供本路建设事业之用。我们希望在这一点上能学学帝国主义者的行为。

第五，我们梦想今年全国实行禁绝鸦片。年内喧传一世的江安轮船运土案，现在归中央审判，自然会水落石出，公道大彰，这是不用我们老百姓梦中烦心的。我们只梦想禁烟主席委员张之江能有前年常荫槐整理京奉路时的威权，能有全权，有兵力，指挥自如，使鸦片之祸永绝于中国，岂不美哉！

第六，我们梦想今年大家有一点点自由。孙中山先生说政府是诸葛亮，国民是阿斗。政府诸公诚然都是诸葛亮，但在这以党治国的时期，我们老百姓却不配自命阿斗。可是我们乡下人有句古话道："三个臭皮匠，赛过诸葛亮。"诸位诸葛亮先生们运筹决胜，也许有偶然的错误。也许有智者千虑之一失。倘然我们一班臭皮匠有一点点言论出版的自由，偶然插一两句嘴，偶尔指点出一两处错误，偶尔诉一两桩痛苦，大概也无损于诸葛亮先生的尊严吧？

好梦说的口角流涎，只不知几成有准。好在日子长呢，咱们瞧罢。

十七，十二，十四

（原载1929年1月1日天津《大公报》。又收入《胡适的日记》手稿本第8册，1990年12月台北远流出版公司出版）

文化的冲突

冲突

在我看来，中国的问题是她在多种文化的冲突中如何调整的问题。中国现在的一切麻烦都可归咎于在将近六十年间尖锐的文化冲突中未能实现这种调整。这个问题从未得到人们的充分认识和自觉对待，而只是被惰性、自大和表面的改良措施所避开和掩盖。结果，中国今天对自己问题的解决仍象半世纪前一样遥远。

可能的解决方法

现在是我们清楚地认识文化冲突这个问题的现实而予以解决的时候了。这个问题就是，中国当怎样自我调整，才能使她处在已经成为世界文明的现代西方文明之中感到安适自在。这个问题可以有三种解决的办法。中国可以拒绝承认这个新文明并且抵制它的侵入；可以一心一意接受这个新文明；也可以摘取某些可取的成分而摒弃她认为非本质的或要不得的东西。第一种态度是抗拒；第二种态度是全盘接受；第三种态度是有选择性的采纳。既然今天没有人坚持抗拒政策，我的讨论将只限于后两种态度。

选择性的现代化

乍看起来，选择性的现代化似乎是最合乎理性的上策。因此，这不仅是国内的提倡者，也是自命为中国之友和中国文明的热爱者的一些外国作家所鼓吹的一种最有力的态度。我甚至可以说，这是迄今任何思考过中国文化冲突问题的人所持的唯一认真和明确的态度。他们告诉我们，中国发展了灿烂的文明，这个文明绝不能在盲目接受西方文明当中丢掉。这些好心的忠告者们说，务必十分谨慎地从西方文明中选择那些不致损坏中国艺术、宗教和家庭生活中的传统价值的东西。总之，对现代文明的某些方面可以作为必要的恶来接受，但必须不惜任何代价保持中国文明的传统价值。

不受欢迎的变化

现在看来,这种态度究竟如何呢?实际上,这是说中国必须改变但又决不能改变。拆掉一座城墙,总会有人同声反对,理由是这座城市将失去中世纪的古雅。北京最初铺设电车道时,许多美国游客看到电车穿越这座城市的中心而深感遗憾。几乎现代化的每一步都会遇到这样的指指点点。工业化已破坏了人们的家庭生活并使他们放弃了祖先崇拜。现代学校教育使中国的书法成为一种失传的艺术。课本用白话文,使学生不能用古文作文了。小学生不再背诵孔子的经书。电影正在赶走中国戏。禁止缠足是好事,可是丝袜子太贵了,现代舞蹈吓人。妇女解放也许是必要的,但是剪短发、抹口红搞得过火。如此等等。

幸福与现代化

有一次,一位来中国游历的哲学家坐滑杆翻越一座崎岖小山。他在舒适靠椅上听到抬滑杆的唱一支他觉得好听的歌曲,不觉听得入迷,并从中得到启示,悠然陷入哲学遐想:像中国人这样的人力驮兽在担负沉重苦役时仍保持唱歌之乐,这远比现代工厂的工人为自己的苦命鸣不平要强得多。

他担心中国实现工业化之日，工厂不仅会毁掉一切精美的手工业和家庭工业，而且也会扼杀中国苦力一边工作一边唱歌的欢快精神。

对选择性的现代化的认可

这样一来，国内外的忠告者们都认为中国必须走选择性的现代化的道路，即尽量保持她的传统价值，而从西方文明中只采取那些适合现实迫切需要所必须的东西。

传统价值安然无恙

我曾经也是这种选择性过程的倡导者之一。不过现在我表示后悔，因为我认为谨慎选择的态度是不可能的，而且也实在不必要。一种文明具有极大的广被性，必然会影响大多数一贯保守的人。由于广大群众受惰性规律的自然作用，大多数人总要对他们珍爱的传统要素百般保护。因此，一个国家的思想家和领导人没有理由也毫无必要担心传统价值的丧失。如果他们前进一千步，群众大概会被从传统水平的原地向前带动不到十步。如果领导人在前进道路上迟疑不决，摇摆不定，群众必定止步不前，结果是毫无进步。

接受现代化

中国之所以未能在这个现代化世界中实现自我调整,主要是因为她的领袖们未能对现代文明采取唯一可行的态度,即一心一意接受的态度。近几十年来,中国之所以不再谈论抵制西方文明,只是因为中国的保守主义已在选择性的现代化的理论伪装下找到庇护所。她在采用西方文明某些方面如电报、电话、铁路和轮船、军事改组、政治变革以及新的经济制度……所取得的微小的进步,大多是外国特权享有者或担心民族灭亡和崩溃的中国人所强加的。这些方面的进步没有一项是出于自觉自愿或明智的了解而引进到中国来的。甚至维新运动最杰出的领袖人物也没有充分了解他们所主张的东西。仅在几年以前,1898年维新运动最重要的领袖人物之一的梁启超先生曾歉然地自认道:"我们当时还不知道西学为何物,亦不知如何去学。我们只会日日大声疾呼,说旧东西已经不够用了,外国人许多好处是要学的。"[1] 领袖人物本身浅薄如此,当然不能引起广大群众的真正的热忱或坚强的信念。

---

[1] 译者注:原文见《五十年中国进化概论》,参见《梁启超选集》(上海人民出版社,1984年版),第834页,英译引文有出入。

保存国粹

果如所料，要求改革的第一个浪潮被政府中反动分子镇压下去后，知识界立即发起了一个新运动，即"保存国粹运动"。这个运动中的许多支持者又同时是后来推翻满清的革命党的成员。这个事实可注意之点是，它表明反满的革命虽然是受西方共和理想的鼓舞而发动的民族自觉运动，但它还没有摆脱文化保守主义的情绪。这个保守主义最近几年有突出表现。有人在反对教会学校和教会医院时经常使用"打倒文化侵略"的口号。

工具与进步

直到最近几年才听到有人坦率发表现代西方文明优于中国的和一般东方的旧文明的议论。一位年逾花甲的思想家吴稚晖老先生于1923年—1924年发表了他的宏论《一个新信仰的宇宙观及人生观》。他在文中大胆宣称中国旧道德的总体都是低级的和粗浅的，欧洲种人在私人道德上和社会公德上以及日常生活方式上都超越其他种族之上。"他们是所有这些种族中最有才能和精力充沛的人民，他们的道德总体是高超的。"他劝告中国的知识分子把所谓的国故扔到茅厕里至少三十年。在此期间，用一切努力加快步伐建立像尘沙一般干燥的物质文明。他对被已故梁启超先生等保守思想家斥为濒于破产的现代科学文明大加颂扬而不惜余力。吴稚晖先生说："人是一种会制造工具的动物，世界的进步全靠工具数量的增多。而科学又是工具制造的最有效途径。""我们相信文明愈进步，工具就愈繁多，实现人类大同的理想就愈接近，那些现在阻碍人类智慧的困难问题也就愈容易得到解决。"[1]

国际性的经验

这些话出自一位花甲老人之口这件事就值得注意。吴先生曾受教于江阴南菁书院，这所学院是当地最后的重镇之一。他曾在日本住过，也曾在英法两国呆过几年。他对西方新文明之了解不下于他对东方旧文明的了解的程度。

科学与人生

吴先生的文章发表在关于科学与人生的关系问题的激烈论战之际。这场论战把中国的知识分子划分为截然不同的两个阵营。所谓"玄学鬼"阵营的领袖是张嘉森，他提倡"内省精神生活"论，相信这种内心精神生活是超越科学范

---

[1] 译者注：以上引文在吴稚晖原书中未查到，此处据英文译出。

围之外的。因此张先生和他的好友，其中包括已故梁启超先生，主张恢复宋明新儒学的理学。另一个是由丁文江先生领导的现代科学家阵营。丁先生驳斥陈旧的哲学而力持科学与科学方法的万能论。这场论战持续整整一年。当参加这场论战的文章最后搜集起来在1924年出版时，全书超过二十五万字。不消说，吴先生和我在这场论战中都是站在丁先生方面的。

科学与民主的精神成分

我在1926年发表了《我们对于西洋近代文明的态度》一文。此文同时刊登于日本的《改造》月刊和中国的《现代评论》周刊上。文章内容又用英文改写，作为查理·A.俾尔德教授编的《人类的前程》一书的一章。在这篇文章中我的立场是中国必须充分接受现代文明，特别是科学、技术与民主。我试图表明容忍象缠足那样的野蛮风俗达千年之久而没有抗议的文明，很少有什么精神性。我也指出科学与民主的宗教二者均蕴育着高度的精神潜力，并且力求满足人类的理想要求。甚至单纯的技术进步也是精神的，它可以解除人类的痛苦，大大增强人类的力量，解放人类的精神和能力，去享受文明所创造的价值和成果。我公开地谴责了东方的旧文明，认为它是"唯物的"，以其无能为力地受物质环境所支配，不能运用人类的智能去征服自然界和改善人类生活。与此相反，我认为尽可能充分利用人类的聪明才智来寻求真理，来制服天行以供人用，来改变物质环境，以及改革社会制度和政治制度以谋人类最大幸福，这样的文明，才是真正的"精神"文明。

中国文明之不人道

吴稚晖先生和我本人的这种看法仿佛过于盛气凌人和过于武断。不过这些观点都是经过多年实际观察和历史研究得出的由衷之言。当一个象吴稚晖那样的老先生宣布他认为中国人道德很低下的时候，他是在讲大实话，这使他感到痛苦远远超过他的读者所能想象的。但是那是真情不得不讲。在我以缠足几千年或千百万人当牛做马为例谴责我国的文明时，我并不是仅仅从一些孤立事例作出概括；缠足代表全体女性十个世纪以来所受人的痛苦的最残忍的形式。当我们了解到宗教、哲学和伦常道德共同合谋使中国人视而不见，丧失良知，对这种不人道缺乏应有的认识时，了解到诗人做诗和小说家写出长篇描写女人的小脚时，我们必须作出结论，在一种文明中道德观念和美学意识被歪曲到如此荒谬的地步,其中必有某种东西是根本错误的。普及教育,普选制,妇女解放和保护劳工立法之所以未发源于实行缠足的国家,难道我们能说这纯粹是偶然的吗?

中国的旧文明

总而言之,我们对中国文明究竟有什么真正可以夸耀的呢?它的过去的光荣属于过去;我们不能指望它来解决我们的贫穷、疾病、愚昧和贪污的问题。因为这四大祸害是中国旧文明残存至今的东西。此外还有什么?我们国家在过去几百年间曾经产生过一位画家、一位雕刻家、一位伟大诗人、一位小说家、一位音乐家、一位戏剧家、一位思想家或一位政治家吗?贫困使人们丧失了生活的元气,鸦片烟与疾病扼杀了他们的创造才能,造成他们的懒散与邋遢。难道我们还要再推迟那种能提供战胜我们死敌以唯一工具并为一种新的活文明提供唯一可能基础的科学和技术文明的到来吗?

中国的新文明

日本的例子使我们对中国文明的未来抱一些希望。日本毫无保留地接受了西方文明,结果使日本的再生取得成功。由于极愿学习和锐意模仿，日本已成为世界上最强国家之一，而且使她具备一个现代政府和一种现代化文化。日本的现代文明常常被批评为纯粹是西方进口货。但这种批评只不过是搔到事物的表面，如果我们以更多的同情态度来分析这个新文明，我们会发现它包含着许许多多必须称之为土生土长的东西。随着由技术和工业文明造成普遍的兴盛的程度日益提高，这个国家土生土长的艺术天才已在数十年间发展了一种和全国的物质进步相适应的新艺术与新文学。她的风光和风景美还是日本式的，只是比以前管理得更好，现代交通工具也更为方便。今天日本人民的爱美和爱整洁仍同过去一样，不过他们今天有更好和更美的东西可以享受了。

我们所需的文化复兴

因此，让我们希望中国也可能象日本那样实现文化复兴。让我们现在着手去做日本在五六十年前着手做的事情吧。我们决不受那些保守派思想家们的护短的观点的影响，也不因害怕丢掉自己的民族特性而有所动摇。让我们建立起我们的技术与工业的文明作为我们民族新生活的最低限度的基础吧。让我们表达如下的希望吧！如果我们有什么真正具有中国特色的东西的话,那么这些东西将会在科学与工业进步所产生的健康、富裕和闲暇的新的乐土上开花结果。

(原载1929年《中国基督教年鉴》[China Christian Year Book],张景明译、罗荣渠校,中译稿收入罗荣渠主编:《从"西化"到现代化》,1990年3月北京大学出版社出版)

东西文化之比较

一

近年来欧洲许多消极的学者，唱着这种论调：西方的物质文明业已破产，东方的精神文明将要兴起。去年我在德国的时候，有一个很渊博的学者和我说："东方文化是建筑在精神上面。甚至东方人的灵魂得救，都是以道德高下为选择的标准。轮回之说，不是如此吗？"这种言论，虽然是他们战后一种厌倦的心理；然而对于那些东方文化夸耀者，实足以助长其势焰。依我个人所见所闻，这种论调，也使西人对于他们自己那日见增长的文化，没有得着一种正确的观念。我草此文讨论东西之文化，就是想大家对于这两种文化有一种新的观念。

二

我是一个中国人,所以就从孔子讲起。依照孔子观象制器的理论,一切文化之起源是精神的,是从意象而生的。"见乃谓之象,形乃谓之器,制而用之谓之法,利用出入,民咸用之,谓之神。"孔子举出许多事实,证明这个理论。我们看见木头在水上浮,就发明了船;看见另一种木头可以沉入水内,就发明棺材坟墓以保存父母的遗体;看见雨水落在地下,就发明文字以记载事实,因为恐怕它们也像雨水一样落下不见了。

柏拉图与亚理士多德也有这种理论。人类的器具与制度都起源于意象,即亚理士多德所谓"法因"(formal causes),孔子,柏拉图,亚理士多德等都生于上古时代,那时并无所谓物质与精神的二元论,所以他们能够认清一切物体的后面都是有思想的。

实际上,没有任何文化纯粹是物质的。一切文化的工具都是利用天然的质与力,加以理智的解析,然后创造成功,以满足人的欲望,美感,好奇心等。我们不能说一把泥壶比较一首情诗要物质些,也不能说圣保罗礼拜堂比较武尔威斯洋房要精神些。最初钻木取火的时候,都以为这是一件属乎精神的事,所以大家都以为是一个伟大的神所发明的。中国太古神话时代的皇帝都是发明家，并不是宗教的领袖。譬如燧人氏发明火，有巢氏发明房屋，神农氏发明耕种与医药。

我们的祖先将一切器具归功于神是很对的。人是一种制造器具的动物，所以器具就构成了文化。火的发明是人类文化史中第一个新纪元，农业的发明是第二个，文字是第三个，印刷是第四个。中古时代世界各大宗教，从中国东海横行到英国，将世界的文化都淹没了。直到后来发明了望远镜、汽机、电气、无线电等，世界文化才到今日的地步。如果中古时代那些祭司们可称为"圣"，那么，伽利略（Galileo）、瓦特、斯蒂芬孙、模司（Morse）、柏尔（Bell）、爱迪生（Edison）、福特等，就可称为神，而与伯罗米修士（Prometheus）、卡德马斯（Caddmus）居于同等的地位了。他们可以代表人群中之最神圣者，因为他们能够利用智力，创造器具，促进文化。

一个民族的文化，可说是他们适应环境胜利的总和。适应环境之成败，要看他们发明器具的智力如何。文化之进步就基于器具之进步。所谓石器时代、铜器时代、钢铁时代、机电时代等，都是说明文化发展之各时期。各文化之地域的发展也与历史的发展差不多。东西文化之区别，就在于所用的器具不同。近二百年来西方之进步远胜于东方，其原因就是西方能发明新的工具，增加工作的能力，以战胜自然。至于东方虽然在古代发明了一些东西,然而没有继续努力,以故仍在落后的手工业时代,而西方老早就利用机械与电气了。

这才是东西文明真正的区别了。东方文明是建筑在人力上面的,而西方文明是建筑在机械力上面的。有一个美国朋友向我说:"美国每个男女老幼有二十五个以至三十个机械的奴仆替他当差,但是每个中国人只有四分之三的机械奴仆替他服务。"还有一个美国工程师说:"美国每人有三十五个看不见的奴隶替他做事。美国的工人,并不是工资的奴隶,而是许多工人的头目。"这就是东西文化不同之处。它们原来不过是进步之程度不同,后来时日久远,就变为两种根本不同的文化了。

三

1926年7月我到欧洲去的时候,路过哈尔滨。这城是俄国的租借地,从前不过是一个小小的镇市,但是现今就成为"中国北部之上海"了。离哈尔滨租界不远,另有一个中国的城市,这城市从前是一个村庄。我在这里游玩的时候,有一件事令我很注意:中国城里一切运输都是用黄包车或是其他用人力的车,但是在租界上这种车子不许通行。现在租界已收回中国,不过一切行政仍照俄国旧时办理。租界的交通,都是用电车汽车;如有人力车进入租界,就必须退出,而且不给车资。

那些夸耀东方精神文明者,对于这种种事实可以考虑考虑。一种文化容许残忍的人力车存在,其"精神"何在呢?不知什么是最低限度的工资,也不知什么工作时间的限制,一天到晚只知辛苦的工作,这还有什么精神生活呢?一个美国的工人可以坐他自己的汽车去上工,星期日带着一家人出去游山玩水,可以不花钱用无线电机听极好的音乐,可以送他的儿女到学校里去读书,那学校里有最好的图书馆试验室等。我们是否相信一个拖洋车的苦力的生活,比较美国的工人要精神化些道德化些呢?

除非我们真正感到人力车夫的生活是这样痛苦,这样有害于他们的身体,我们才会尊敬哈格理佛士(Hargreaves),卡特赖特(Cartwright),瓦特,福尔敦(Fulton),斯蒂芬孙,福特等。他们创造机器,使人类脱离痛苦,如现今东方民族所忍受的。

这种物质文明——机械的进步——才真正是精神的。机械的进步是利用智力创造机器,增加人类工作与生产的能力,以免徒手徒脚的劳苦而求生活。这样,我们才有闲余的时间与精力去欣赏较高的文化。如果我们要劳苦工作,才能够生存；那么我们就没有什么生活了，还有什么文化可言呢？凡够得上文化这名词，必须先有物质的进化为基础。二千六百年前管仲曾经说过："衣食足而后知荣辱，仓廪实而后知礼义。"这并不是什么经济史观，乃是很简单的常识。我们试想想：一群妇女孩子们，提着竹篮，拿着棍子，围聚在垃圾堆中寻找一块破布或是煤屑，这叫做什么文明呢？在这种环境里能产生什么道德的精神的文明么？

那么，恐怕有人对于这种物质文明很低的民族，要谈到他们的宗教生活了。在此我不必讨论东方的各种宗教，它们最高的圣神也不过是些泥塑木雕的菩萨而已。不过我要问问："譬如一个老年的叫化婆子，贫困得要死了，她死的时候口里还念着南无阿弥陀佛，深信自己一定能够到佛爷的西天那里去的。用一种假的信仰，去欺哄一个贫困的叫化子，使他愿意在困苦的生活中生存或死亡，这叫做道德文明精神文明吗？如果她生在另一种文化里，会到这种困苦的地步吗？"

不，绝对不是如此，人老了，不能抵抗自然的力量，才会接受那种催眠式的宗教。他很失望，不愿意奋斗，于是他设法自慰，宣言财富是可鄙的，穷困是荣幸的。这样的人，正像狐狸吃不着葡萄，而反说葡萄味苦一样。这种议论，差不多是说现世的生活没有什么价值，幸福的生活，还在来生。哲人们既宣传了这种思想，那些过激派更进而禁欲，自制，甚至自杀。西方的祭司们常常祈祷，禁食，在柱头上鞭笞自己。中国中古时代也有许多和尚祈祷，禁食，天天吃香油，甚至用油布捆着自己烧死，献给佛菩萨作为祭品。

世界的文化，就是为中古时代这种自弃的宗教所淹没了。一千余年之后，人类才打倒那种以困苦为中心的文化，而建设以生活为中心的新文化。现在我们环观四周，中古的宗教还存在，巍伟的教堂还存在，一切庙宇也还存在；但是何以我们对于人生的观念完全改变了呢？这种变迁，是因为人类近二百年来，发明了许多器皿与机器，以驾驭天然的财富与能力。利用这种机器，就可以节省人工，缩短距离，飞行空中，通过山岭，潜行海底，用电流来拖我们的车子，用"以太"来传我们的消息。科学与机械可以随意运用自然。人生逐渐舒适些，快乐些；人类对于自己的信仰心，也加大些。这样，人就把自己的命运，握在自己的手掌中了。有一个革命的诗人唱着：

> 我独战，独胜，独败；
> 我自由，毫无依赖；
> 我思想，终日无懈；
> 我死亡，何须基督替代？

这样，现代的新文化就产生了一种新的宗教——自立的宗教——与中古时代自弃的宗教完全相反。

四

我们都是历史的产儿，所以我们要了解现代各种文化，最好是与它们中古的历史背景相比较，就更易于明了。东西文化之成败，就是看它们能够脱离中古时代那种传统思想制度到什么程度。照我以上各段所讨论的，西方文化解脱中古文化之羁绊，可说是成功最大的；至于现代印度的文化，可说还是中古文化。在此两极端之中，其他东方各文化，其成功之程度，就各有高下不同了。

我们将日本与中国两相比较，对于这一点就更易于明了。一千二百年前，中国就开始反对佛教了。孔子之人道主义，老子之自然主义，都是极力反对中古之宗教的。八世纪时的大乘佛教变为禅宗，而禅宗不过是中国古代的自然主义而已。九世纪时，禅宗极力反对偶像，差不多与佛教脱离了。到了十一世纪，儒教又复兴。自此以后，佛教的势力，就逐渐消失了。因此，后来新起的儒教，成为学者的哲理，以理智的态度，"致知格物"。到了十七世纪中叶，学者对于一切研究考据，纯粹用科学的方法。凡文字版本历史等考据学，都必须以事实为根据。各学者既采用此种方法，以故中国近三百年的学术，极合乎科学的方法；而许多历史的科学，如文字学、版本学、汉学、古物学等，都极其发达。

中国虽则倡导人文主义，脱离宗教的羁绊，然而今日仍旧在落后的地位。她推翻了中古时代的宗教，但是对于大多人民的生活，仍旧没有什么改进。她善于利用科学方法，但是这方法只限于图籍方面。她的思想得了自由，但是她没有利用思想战胜物质的环境，使人民的日常生活也得自由。五百年的哲学思想，不能使中国逃出盗贼饥荒的灾害，以故十七世纪的学者，实在是灰心。于是他们不得不舍弃那空洞的哲学，而从事于他们所谓"有用的学识"。但是他们何尝梦想到这三百年来所用的苦工，虽则是用科学方法，仍不免只限于书本上的学识，而对于普通人民的日常生活，毫无补救呢？

至于日本呢，她很不客气地接受西方的机械文明，在很短的时期内，就造成了新式的文化。当培理（Perry）到日本的时候，她还是麻醉在中古文化里。对于西方文化，她起初还表示反抗，但不久就不得不开放门户而接受了。日人因着外人的凌辱蹂躏，于是奋起直追，制造枪炮，便利交通，极力生产，整顿政治；而对于中古的宗教封建制度等，都置之不理了。在五十年之中，日本不但一跃而为世界列强之一，而且解决了许多困难问题，为印度的佛教或中国的哲学所不能解决的。封建制度取消了，立宪政府起而代之，中古的宗教也立刻倒塌了。人力车是日本发明的，但是现今横滨东京等处的人力车，日渐减少。人力车之减少，并不是因为什么宗教的人道主义，也不是因为那些仁慈的太太们所组织的慈善机关，乃是因为"市内一圆"的福特车。国家既因着工业而富足兴盛，于是国内的文艺天才，乘机而起，产生了一种新的文学，与物质的进步并驾齐驱。日本现在有九十个专门科学的研究社；全国各工程师所组织的会社，共有三千会员。因着这许多人力与工具，东方就建筑了一个精神的文明。

这是怎样一回事，很易于明了。最初人类本身是制造器具的动物。发明新的器具，以胜过物质的环境，因而就构成了所谓文化。后来人类感觉得与自然奋斗太辛苦了，于是躲避在精神生活之下，而造成中古之黑暗时代。直到后来科学与机械兴起，大家才又恢复从前那种自信心，而产生现代西方的新文化。科学与机械传入日本，于是日本也构成了她的新文化。中国，印度，并其他东方各国，也必因着科学与机械，变为新文化的国家。

五

以上各节,已将现代西方机械文明之精神方面,详细说明。机械之所以为精神的,乃因其能解脱人生之困苦,使大众有享受快乐的机会。无论我们是否善于利用闲暇以寻求快乐,而专就利用机械以解脱困苦一层而论,就可说是精神的享乐。我们不能因为几个传教士被逼迫而烧死了,就咒诅上帝。

现在我们要讨论西方文明其他的精神方面。在此我不必谈什么艺术音乐文学,因为我们大概都可以承认西方的艺术与文学可以与东方的相颉颃,至于西方的音乐,就远胜于东方了。

我们先谈科学罢。无论我们对于精神生活的定义怎样,寻求知识是人类精神的需要,这是任何人不能否认的。但是古代的文明,都极力压制这种求知欲。照《圣经·创世纪》所讲,人类的堕落,并非因着女人,乃是因着求知的欲望。东方许多宗教,都以为无知则无欲,主张屏弃智识,服从天道。庄子说:"吾生也有涯;而知也无涯,以有涯随无涯,殆已。"这些哲人大都回避求知的路,而致力于内省默坐修养等工夫,以寻求他们所谓深奥的智慧。还有些以为冥想可以与神相通。此外,佛教中所谓"四禅""六度",也是如此。

1927年正月有一个埃及的僧侣在英格兰宣言东方的精神文明要高超些,因为他能够活埋在地下经过二点五十二分钟之久,仍旧可以复活。他比较大魔术家胡丁黎（Houdini）多能支持八十二分钟,但是戏院没有允许他表演,因为戏院的老板恐怕观众不能忍耐等待三点钟之久。

其实,这并不是什么精神文明。现在东方许多苦行僧,也能够表演这种伎俩。许多下等动物在蛰伏时期不是与这个一样么？至于那些科学家,用严格研究与实验的方法,发现自然的秘密,实在是真正精神的快乐。不下一番功夫,不利用观察,只知一味的偷懒,确实是找不着什么真理的。科学可以训练我们的脑力,供给我们好的工具与方法。智识虽然无限,但科学家并不失望,因为不断的努力,日积月累,就可以对于自然逐渐明了。一次的成功,就有一次的进步,也就有一次的精神快乐。阿基米得（Archimedes）去洗澡的时候,忽然解释了他所疑难的问题,他快乐得不知所措,赤着身子跑到街上四处喊叫。许多科学家,如伽利略,牛顿,巴士特,爱迪生等,每次有什么新发现的时候,都感觉得无上的精神快乐。至于那些古代冒名的先知们,自己以为用内省的工夫,可以寻求高深的智识,对于这种精神的快乐,完全没有经验过。

那些旧式宗教的信徒们所谓精神快乐者，就不外乎自行催眠的法术。十七世纪时中国有一个革命的哲学家颜元（1635—1705），有一段事实纪载他个人精神的快乐："甲辰五月夏至前四日，思故人，引仆控骡，被绵褐衣，驮麦里左。仆秝，独至柳下，铺褐坐息。仰目青天，和风泠然，白云散聚，遂朗吟云淡风轻之句，不觉心泰神逸；覆空载厚，若天地与我外，更无一事物。微闭眸视之，浓叶蔽日，碧绿罗裹，宝珠光耀，在隐露间，苍蝇绕飞，闻其声不见其形，如跻虞廷听九韶奏也。"后来颜元反对空洞的儒教，在北方倡导力行主义，不过他把上面这一段记载，存留在他的集子里，以证明那种半宗教式的哲学思想，是空虚的，自欺欺人的。

科学之最精神的处所，是抱定怀疑的态度；对于一切事物，都敢于怀疑，凡无真凭确据的，都不相信。这种态度虽然是消极的，然而有很大的功劳，因为这态度可以使我们不为迷信与威权的奴隶。怀疑的态度是建设的，创造的，是寻求真理的惟一途径。怀疑的目的，是要胜过疑惑，而建立一个新的信仰。它不只是反对旧的信仰，而且引起了许多新的问题，促成了许多新的发明。许多大科学家的传记，如达尔文，赫胥黎，巴士特，科和（Koch）等，都贯注着这种"创造的怀疑"的精神，足以感悟后人。中古的圣徒基于信仰，现代的科学家则基于怀疑。

六

但是现代西方文明最精神的处所,还是在它的新宗教。这宗教无适当的名称,暂称之为"民治的宗教"。现代文明并非始于宗教,但结果造成了一种新的宗教;也无所谓道德,但是产生了一种新的道德标准。老实说,十五六世纪欧洲的列强,可说是强盗式的国家。当时的大英雄如哥伦布,麦哲伦,德类克(Drake)等,都是一些大海盗,乘风破浪以求金银财宝。他们这种冒险事业,都有政府为他们的经济后盾,而他们在外的荣辱,也与国体相关。他们的宗教,原是讲博爱的;他们的道德标准,原是惩责劫掠的,但是这些探险家并不理会这样的宗教与道德。

这种抢劫的行为,开辟了许多移殖通商的新大陆,增加了欧洲列强的财富与威势,激动了许多人发明与制造的热诚。接着就是工业革命,将产生的方法完全改变,各国的生产能力突然倍增。物质的享乐既然增高,就产生了许多中产阶级,而同时大家的想像力与同情心也扩大了。这样,大家都能掌握自己将来的命运,增加对于自己的信仰心,而各种社会意识,社会道德也应运而生了。以上种种,都造成了民治主义的新宗教。我所谓新宗教,就是十八世纪理想的个人主义,以及近百年的社会主义。

十八世纪的新信条是自由平等博爱。这新宗教到了十九世纪中叶就变为社会主义。这些新趋势，都是旧文化时所未曾梦想到的。不错，东方的宗教也谈什么博爱，什么土地与财产均分，但这些都不过是纸上谈兵，与实际的社会生活或政治组织毫不相关。

西方便不同了。自由平等博爱是法美及1848年各国革命的口号；以后的革命，也莫不如此。各新起共和国的宪法，都贯注着这种精神。这口号打倒了君王，帝国，贵族；实现了人群在法律上的平等，思想言论出版信仰的自由；并且解放了妇女，普及了教育。

社会主义可说是补充早期民治主义之个人思想的，是民治运动进程中之一部分。到了十九世纪中叶，经济的组织逐渐复杂，资本集中，以故从前的放任主义，不能达到平等自由的目的。大家反对义务教育，因其侵犯个人自由；反对劳资法及工厂法，因其专为某阶级的法律。近代经济组织既已改变，也必须有一种新的社会及政治哲学以适应此种新组织的需要。因此，一切社会主义运动，除掉什么经济史观阶级斗争的理论之外，不过是用社会群众或政府的力量，以求大多数最大的幸福。这运动大概可分为两大支流。一就是组织工会，用团体交涉或罢工的方法，以增进劳动阶级的利益。一就是用政府的力量，调和阶级斗争，而同时设法实行社会主义的思想，如征收遗产税及所得税，强迫工人保险，限制工作时间，制订最低工资等等。无论是用那种方法，以前许多看为很危险的社会主义思想，现在都实现在各新进国家的法律上或政策上了。我们虽然可以相信财产所有权是神圣的，但是实际上遗产税与所得税已成为各政府收入之一大宗了。英国是资本主义的大本营，但是英国的劳工党曾经组织过政府，而且不久仍有登台的希望。美国是极力主张个人自由的，但是美国政府还是强迫禁酒。现今的世界，已不知不觉的趋于社会主义之途了。

这种民治的宗教，不是专为个人的自由，也不是专为别人的自由，乃是设法使个个男女都能得自由。除了用科学与机械增高个人的快乐之外，还要利用制度与法律使大多数人都能得着幸福的生活——这就是西方最伟大的精神文明。我可以问：妇女解放，民治政体，普及教育等，是否从东方的精神文明产生出来的呢？焚烧孀妇，容忍阶级制度，妇女缠足，凡此种种，是否精神文明呢？

七

现在我们将精神文明（spiritual civilization）物质文明（material civilization）唯物文明（materialistic civilization）等名词，作为本篇的

结论。物质文明兼有物体与思想两意义,因为一切器具都是思想的表现。西方的汽车文明固然是物质文明,而东方的独轮车文明就不能说不是物质文明。现今大都将唯物文明这名词加在现代西方文明上面,但我想这名词加在落后的东方文明上还较为恰当。唯物文明的意思,是为物质所限,不能胜过物质;如东方不能利用智力,战胜物质环境,改进人群的生活。东方的圣贤,劝人知足,听天由命,昏天黑地的敬拜菩萨;这种催眠式的哲学,比较他们自己所住的房子,所吃的食物,所拜的偶像,还要偏于唯物了。

反之,如果某种文化能够利用智力,征服自然,脱离迷信蒙昧,改进一切社会政治制度,以为人类最多数的幸福——这才是真正的精神文明。这种文化将来还要继续增长进步,不过它的进步,不会转向东方精神文明的途径,而是照着它已往所走的途径,继续进行。

（胡先生对于此题，另用中文发表过几篇文章，读者可以参看。兹将胡先生的来信附在后面。）

附：致于熙俭

于先生：

谢谢你的信。

我的一文，原用中文发表过（1926年），题为"我们对于西洋现代文明的态度"，现收在《胡适文存三集》里（九月已出版，五马路亚东图书馆）。后来（1928年）用英文重做时，稍稍有点改动。但这些改动，也有中文的文字发表过，也收在《文存三集》里，如《东西文化的界线》（五一面），如《东方人的"精神生活"》（六四面），及《请大家来照照镜子》（三九面以下），皆可参看。（下略）

胡适之十九，九，二十八

（收入于熙俭译《人类的前程》，1933年上海商务印书馆版。此文为俾耳德〔Charles.A.Beard〕编Whether Mankind的一章）

论学潮

6月27日平津国立院校教职员联合会发表了一个解决学潮的提案，其中列举学潮的十种原因，并且提出六项消弭学潮的办法。这提案是教育界中人谈教育界自身的状况，所以颇有亲切中肯的话。他们提出的消弭学潮的办法是：

(1) 用人应由考试。

(2) 宽筹经费以充实学校内容。

(3) 慎选校长。

(4) 保持师道之尊严。

(5) 实行校章以整饬学校之风纪。

(6) 禁止学生作政治活动。

平津院校教职员联合会所举学潮的十种原因，可以归并作这几种：

(1) 经费不足，又不按期拨付，故学校不能安定。

(2) 校长与教职员不够领导学生，故学校风纪不能整顿。

(3) 国家政治不能满人意，故青年倾向政治活动。

(4) 国家用人不由考试，故青年不看重学业成绩。

第一项原因，是大家公认的。消弭的办法，今日还谈不到"宽筹经费"，只要政府能依预算按期发足，已可以使学校安定了。经费不能按期发足，甚至于拖欠至半年以上；在这种状况之下，校长简直不能责成教职员上课办公，那里还谈得上执行纪律和严格考查成绩？经费最困难的学校，如北平的师大，如南京的中大，校长一席几乎无人敢就。师大与中大近来的校长问题，其实背后都是一个经费问题。（师大徐炳昶先生辞职由于经费领不到；中大任鸿隽先生不就，由于经费无办法；青大杨振声先生月前辞职，也由于经费问题。）所以我们说：政府如有诚意收拾学潮，整顿学风，第一件任务应该做到不拖欠教育经费。全国国立学校的经费每月约一百万元，全年一千二百万元，在政府全年收入六万余万元之中不过百分之二。政府无论如何窘迫，不应该连这戋戋之数都不能筹划指定。

学潮的第二个原因是校长不得人，这也是政府的责任。去年1月6日行政院下了一道整饬学风令，其中曾说："校长经政府慎重选择而后任命，反对校长即无异反对政府！"这道命令颁布以后，各大学反对校长的风潮仍旧继续不绝，所以者何？岂不还是因为校长往往不是"慎重选择而后任命"的吗？政府应该慎重选择官吏，人民反对官吏即无异反对政府。然而政府若任命了一些贪官污吏，难道人民不应该反对吗？政府应该觉悟：一个吴南轩可以造成学潮，而一个翁文灏可以收拾学潮。用大学校长的地位作扩张一党或一派势力的方法，结果必至于使学校的风纪扫地，使政府的威信扫地。此一原则不但限于国立大学，凡用政治势力来抢私立学校的地盘，或抢各省市教育厅长局长的地盘，都是制造风潮，自堕政府的威信而已。

学潮的第三个原因是学生不用功做工课。为什么不用功呢？因为在这个变态的社会里，学业成绩远不如一纸八行荐书的有用。学业最优的学生，拿着分数单子，差不多全无用处；各种职业里能容纳的人很少，在这个百业萧条的年头更没有安插人的机会；即有机会，也得先用亲眷，次用朋友，最后才提得到成绩资格。至于各种党部，衙门，机关，局所，用人的标准也大概是同样的先情面而后学业。即使有留心人才的人，学识资格的标准也只限于几项需用专门人才的职务，那些低薪职务——所谓人人能做的——几乎全是靠荐引来的。学业成绩本不全是为吃饭的；然而有了学业成绩而仍寻不着饭碗，这就难叫一般人看重学问工课了。所以平津教职员会提出"用人应由考试"的办法，自然是不错的。不过考试不是指戴院长所办的考试，应该是考试原则的普遍实行。约略举例，可以说有这几点：

（1）凡政府机关，除专门人才可由学术机关推荐酌量免试之外，一切人人可做之普通职务（从工友门房到科员书记）必须经过考试，并且要把考试成绩和各人在学校的成绩合并平均计算。

（2）凡公家机关的职员必须实行回避亲属之法，有犯者应去职。合资的公司也应该适用回避法。

（3）严格的保持海关邮务等处已有的考试用人制度。

（4）凡考试任用的人，除非有溺职的行为，不得随长官的喜怒而更动；其升迁皆应该有常法。

学潮的第四个原因，诚如平津教职员会所提示，是由于国家政治不能满人意。凡能掀动全国的学潮，都起于外交或政治问题。这是古今中外共同的现象：凡一国的政治没有上轨道，没有和平改换政权的制度，又没有合法的代表民意的机关，那么，鼓动政治改革的责任总落在青年智识分子的肩膀上。汉宋的太学生危言谠议，明末的东林复社，清末的公车上书和革命运动，都是最明显的例。外国也是如此的：欧洲中古的学生运动，1848年的全欧革命潮，土耳其，俄罗斯，波兰，以至印度，朝鲜，那一次不是上述公式的例子？所以有人责备某党某派利用学生作政治活动，那还是皮相的观察。即使无人利用，青年学生的政治活动也是免不了的。因为青年人容易受刺激，又没有家眷儿女的顾虑，敢于跟着个人的信仰去冒险奋斗，所以他们的政治活动往往是由于很纯洁的冲动，至少我们可以说是由于很自然的冲动。这种冲动既是很自然的，救济的方法决不能依靠平津教职员提议的"禁止学生作政治活动"的方案。禁止是无用的：前清末年禁止革命，有何效果？近年禁止共产党，又何有效果？平津教职员会还是主张由政府禁止呢？还是由学校禁止呢？在我们看来，这两方面都没有禁止学生政治活动的有效方法。我们考虑这个问题，觉得只有因势利导的一条路还不失为教育事业中人值得一试的一条路。所谓因势利导，只是要引导这很自然的政治兴趣，使它走向有教育训练的方向，好养成真能担负政治责任的能力与习惯。说的具体一点，我们提议这几点：

（1）学校对于一切政治派别，应该有同一的公道待遇，不应该特许某一党派公然挂招牌设区分部，而不许别的党派作政治活动；但同时学校也应该教导学生彼此互相尊重异己的主张。彼此尊重异己的主张是政治生活的首要条件，但在一党一派特别受特殊优待之下，这种态度和习惯是不会发生的。

（2）学校应该提倡负责任的言论自由：凡用真姓名负责

发表言论文字，无论如何激烈，都应该受学校的保障，但不负责任的匿名刊物是应该取缔的。负责任是自由的代价。肯负言论责任的人，方才配争自由，方才配做政治活动。

（3）学校应该研究学生团体的组织法，指出他们的缺陷，引导他们改善组织，使多数学生能参加有组织有训练的团体生活，养成政治生活必需的组织能力。这种能力的养成，应该从小学中学时代训练起。孙中山先生认会议规则为民权初步，真是有见地的话。平日没有团体组织的训练，组织又素不健全，一旦有非常事故，自然极少数的小组织可以操纵全学校的命运。徐旭生先生有一天对我说："看了中央大学等处的学潮，使我们对于中国民治的前途很怀疑。"我对他说："此等风潮都不是民治之过，全都是没有民治之过。"凡有真正民治精神的学生组织，我敢保它不会闹风潮；即有风潮，也决不会是无意识的胡闹。

廿一，七，十

（原载1932年7月17日《独立评论》第9号，署名"臧晖"）

胡适为《东方杂志·新年的梦想》栏所写的应征答案[1]

（问题一）先生梦想中的未来中国是怎样的？（请描写一个轮廓或叙述未来中国的一个方面。）

（答案一）

话说中华民国五十七年（西元1968）的双十节，是那位八十岁大总统翁文灏先生就职二十年的纪念大典，老夫那天以老朋友的资格参预那盛大的祝典，听翁大总统的演说，题目是"二十年的回顾"。他老人家指出中华民国的改造史，可分为两个时期：第一时期是"统一时期"，其中最大的事件是：

---

[1] 原编者注：《东方杂志》社于1932年11月1日发出启事，为1933年新年号《新年的梦想》栏征求答案，这是胡适所写的应征答案，"答案一"未写完，《东方杂志》亦未见发表。

（一）全国军人联合通电奉还政权（三十七年）

（二）元老院的成立，容纳

（问题二）先生个人的生活中有什么梦想？（这梦想当然不一定是能实现的。）

（答案二）

我梦想一个理想的牢狱，我在那里面受十年或十五年的监禁。在那里面，我不许见客，不许见亲属，只有星期日可以会见他们。可是我可以读书，可以向外面各图书馆借书进来看，可以把我自己的藏书搬一部分进来用。我可以有纸墨笔砚，每天可以做八小时的读书著述工作。每天有人监督我做一点钟的体操，或一两点钟的室外手工，如锄地，扫园子，种花，挑水一类的工作。

我想，我如果我有这样十年或十五年的梦想生活，我可以把我能做的工作全部都做出，岂不快哉！

（收入《胡适来往书信选》下册）

为新生活运动进一解

蒋介石先生近日在南昌发起新生活运动,一个月之中新生活的呼声好像传遍了全国,各地都有军政各界的领袖出来提倡这个运动。前天报载中央党部决议"交中央组织宣传民运三委员会及内政教育两部会同拟具新生活运动推行办法",很像是要用政府的权力来推行这个运动了。

蒋介石先生是一个有宗教热诚的人;前几年,当国内许多青年人"打倒宗教"的喊声正狂热的时代,他能不顾一切非笑,毅然领受基督教的洗礼。他虽有很大的权力,居很高的地位,他的生活是简单的,勤苦的,有规律的。我在汉口看见他请客,只用简单的几个饭菜,没有酒,也没有烟卷。因为他自己能实行一种合于常识的生活,又因为他自己本有一种宗教信心,所以他最近公开提倡这个新生活运动,想在三个月之内造成一个"新南昌",想在半年之内"风动全国，使全体国民的生活都能普遍的革新"。我们读他2月19日的讲演，字里行间都使我们感觉到一个宗教家的热诚。有了这种热诚，又有那身体力行的榜样，我们可以想像他在南昌倡导的新生活，应该有不少的成绩。

我们看南昌印出来的《新生活须知》小册子，所开九十六条（规矩五十四项，清洁四十二项。）都是很平常的常识的生活，没有什么不近人情的过分要求。其中大部分是个人的清洁与整饬，一部分是公共场所应守的规律，大体上诚如蒋介石先生说的，不过是一些"蔬米布帛"，"家常便饭"。一个民族的日常生活应该有一个最低限度的水准。蒋先生这回所提倡的新生活，也不过是他期望我们这个民族应该有的一个最低限度的水准。这自然是我们应该赞成的。

但我们观察最近一个月来这个运动的趋势，我们不能不感觉一点过虑。我们很诚恳的提出一点意见，供这个运动的倡导者的考虑。

第一，我们不可太夸张这种新生活的效能。《须知》小册子上的九十六条，不过是一个文明人最低限度的常识生活，这里面并没有什么救国灵方，也不会有什么复兴民族的奇迹。"钮扣要扣好，鞋子要穿好，饭屑不乱抛，碗筷要摆好，喝嚼勿出声，不嫖不赌，不吃鸦片烟，……"做到了这九十六样，也不过是学会了一个最低限度的人样子。我们现在所以要提倡这些人样子，只是因为我们这个民族里还有许多人不够这种人样子。九十六件，件件俱全，也只够得上一个人的本分。即如做官不贪污（不在这九十六条之内）乃是做官的本分；此外他还得有别种治事安人的本领，方才可以做出治事安人的成绩。救国与复兴民族，都得靠智识与技能，——都得靠最高等的智识与最高等的技能，和钮扣碗筷的形式绝不相干。认清了目标，大家勉力学一点最低限度的文明人样子，这是值得鼓励的。但是过分夸张这种常识运动的效果，说这就是"报仇雪耻"的法门，那是要遗笑于世人的。

第二，我们要认清楚，新生活运动应该是一个教育的运动，而不是一个政治运动，生活是习惯，道德是习惯。古人说："由是而之焉之谓道；足乎己，无待于外之谓德。"这个说法是不错的。朝一个方向走，久而久之，成了习惯，成了品行，就是道德。宣传的功用只在指明一个应该走的方向，使人明白某种目标是应该做到的，某种习惯是应该改革的；使人把不自觉的习惯变成自觉的努力的对象，这是改革习惯的起点。但生活习惯改革，不是开会贴标语所能收效的。政府必须明白什么是它能做的，什么是它不能做的。把一些生活常识编到小学教科书里去，用一些生活常识做学校考绩的标准，用政府力量举办公众卫生，用警察的力量禁止一些妨害公安与公共卫生的行为，官吏公仆用一些生活标准来互相戒约，——这些是政府所能做的。此外便都是家庭教育与人格感化的事，不在政府的势力范围之内了。近二三十年中，许多生活习惯的改革，如学校运动场上的道德，如电车中的让坐给妇女与老人，如婚丧礼的变简单，都是教育进步的自然结果。若靠一班生活习惯早已固定的官僚政客来开会提倡新生活，那只可以引起种种揣摩风气，虚应故事的恶习惯，只可以增加虚伪而已。十年前山西的洗心社和自省堂，不可以做我们的好镜子吗？（民国八年我在太原一个自省堂里参观，台上一位大官正讲经书，我面前一个中学生正拿着粉笔在他的同学制服上画一个乌龟！）

第三，我们不要忘了生活的基础是经济的，物质的。许多坏习惯都是贫穷的陋巷里的产物。人民的一般经济生活太低了，决不会有良好的生活习惯。"拾到东西，交还原人"（九十六条之一），在西洋是做到了的；我们看欧美车站上和报纸上"拾物招领"的广告，看他们乡村里夜不闭户的美俗，回忆中国劝善书上所记载的许多"拾金不昧"的果报故事，我们真十分感觉惭愧。生活提高了，知识高了，不但"道不拾遗"，拾了遗物还会花钱去登报招领。在我们这个国家，父母教儿女背着篮子，拿着铁签，到处向垃圾堆里去寻一块半块不曾烧完的煤球，或一片半片极污秽的破布。虽有"拾金不昧，拜相封侯"的宗教，有何益哉？《儒林外史》说万雪斋家的盐船搁了浅，就有几百人划了小船来抢盐，却没有人来救人。贫穷的乡下人自然不足怪。《儒林外史》又写一位品学兼优的余大先生，出去"打抽丰"，州官教他替一件命案说人情，可以得百余两银子，他就高高兴兴的拿了银子回家去替父母做坟。做书的人毫不觉得这是不道德的事。又如今日的大学学生——甚至于大学教授——假期回家，往往到处托人弄火车免票，他们毫不觉得这样因私事而用公家的免票就是贪污的行为。凡此种种，都是因为生活太穷，眼光只看见小钱，看不见道德。提倡新生活的人不可忘记：政府的第一责任是要叫人民能生活，第二责任是要提高他们的生活力，最后一步才是教他们过新生活。

（原载1934年3月25日天津《大公报》，又载1934年4月8日《独立评论》第95号）

整整三年了！

前几天，政府训令各直辖机关，颁行中央执行委员会规定的"九一八"第三周年的纪念办法。那个纪念办法包括全国停止娱乐，各机关集会纪念，此外还要

> 全体党务公务人员，各学校，各商店，各住户，于是日上午十一点钟停止工作五分钟，起立默念，誓雪国耻，并对抗日死亡将士及殉难同胞致沉痛之哀悼。

明天是"九一八"的三周年了，我们不知道全国国民中有多少人能够实行这五分钟的纪念。这样简单的纪念是最庄严，同时又是最不容易实行的。我现在说一件我生平最受感动的一个纪念日的故事。

1926年11月11日，我到英国康桥大学去讲演。那天是欧

洲大战的"停战纪念"（Armistice day），学校并不停课。向来的纪念方式是上午十一点钟，一切工作全停止一分钟。在最热闹的街上，钟敲十一点时，教堂敲钟，一切汽车行人全停住，男人都脱下帽子，一切人都低下头来，静默一分钟。这是每年在参战各国处处看得见的庄严的纪念。

我在那一天看见了一件平常不容易看见的更庄严的停战纪念礼。我到了康桥，住在克赖斯特学院里，院长薛勃莱先生（Sir Aithur Shipley）把他的书房让给我预备我的讲稿，他说："我不来惊扰你。不幸这天花板上的油漆正在修理，有个匠人要上去油漆，他不会打扰你的工作。"我谢了他，他走出去了；我打开我的手提包，就在那个历史悠久的书房里修改我的稿子。那个工人在梯子上做他的工作。房子里一点声响都没有。到了十一点钟，我听得外面钟楼上打钟，抬起头来，只见那个老工人提了一桶油漆，正走上梯子去。他听见了钟声，一只手扶住梯子，一只手提着漆桶，停在梯子中间，低下头来默祷。过了一分钟，钟楼上二次打钟，他才抬起头来，提着油漆桶上去，继续他的工作。

我看见那个穿着油污罩衣的老工人停住在梯子半中间低头默祷，我的鼻子一酸，眼睛里掉下两滴眼泪来。那个老工人也许是在纪念他的战死的儿子，也许是在哀悼他的战死的弟兄。但是他那"不欺暗室"的独自低头默祷，是那全欧洲同一天同一时间的悲哀的象征，是一个教育普及的文明民族哀悼死者的最庄严的象征。五十万陆军的大检阅，欧洲最伟大的政治家的纪念演说，都比不上那个梯子半中间的那个白发工人的低头一刹那间的虔敬的庄严！

我每次在中国报纸上读到各种纪念日的仪式和演说，总想到薛勃莱院长书房里那个老工人。今天，在"九一八"的三周〔年〕纪念的前夕，我更想到他。我想到我们国内的一切纪念典礼的虚伪，一切纪念演说的空虚烂熟；我想到每年许多纪念假期的无意义与浪费；我更想到全国真能诚恳纪念国家的耻辱与危难的人数之少的可怕！

我用十分诚意敬告全国的同胞：这种浅薄空虚无意义的纪念是丝毫无用处的。我们在这一个绝大惨痛的纪念日，只有一个态度是正当的：那就是深刻的反省。

我们应该反省：为什么我们这样不中用？为什么我们事事不如人？为什么我们倒霉到这样地步？

我们应该反省：鸦片之战到如今九十四年了；安南之战到如今整整五十年了；中日之战到如今整整四十年了；日俄之战到如今整整三十年了。我们受的耻辱不算不大，刺激不算不深了。这几十年的长久时间，究竟我们糟蹋在什么上面去了？

我们应该反省："九一八"之事到如今三个整年了，这一千多日之中，究竟我们可曾作什么忏悔的努力？可曾做什么补救的努力？可曾作什么有实效的改革？

我们应该反省：从今天起，我们应该从什么方向去准备我们自己，训练我们自己？我们应该怎样加速我们个人和国家民族的进步，才可以挽救眼前的危亡，才可以洗刷过去的耻辱？

古人说的最明白："不耻不若人，何若人有？"反省的第一义是自耻事事不如人。反省的第二义是自耻我们既不如人又还不知耻，白白把八九十年的光阴费在白昼做梦里。反省的第三义是要认清我们必须补救的缺陷，认清我们必须赶做的工作，努力做去，拼命做去。

我们必须澈底的觉悟：一个民族的兴盛，一个国家的强力，都不是偶然的，都是长期努力的必然结果。我们必须下种，方有收获；必须努力，才有长进。

我们今日必须澈底的觉悟："九一八"的国难，还不算最大的国难；东北四省的沦亡，还不够满足我们的敌人的大欲，还不够购买暂时的苟安！我们如果不能努力赶做我们必须做的工作，更大的"九一八"就要来到；全国沦亡的危机就在不远的将来！（你若不信，请看本期小招先生的《强暴下的罪恶》！）

但是我们也不必自馁。工作是不负人的，努力是不会白费的。努力一分，就有一分的效果；努力十分，就有十分的效果。只有努力做工是我们唯一可靠的生路。

从今以后，我们如果真要纪念"九一八"的国难，我们也应该学那个康桥工人，在一声不响的本分工作中间，想起了国家过去的奇耻和当前的危机，可以低下头来，静默一分钟，然后抬起头来，继续我们的工作；——用更大的兴奋，继续我们的工作。

廿三，九，一七夜
（原载1934年9月23日《独立评论》第119号）

读经平议

前几年陈济棠先生在广东,何键先生在湖南,都提倡读经。去年陈济棠先生下野之后,现在提倡读经的领袖,南方仍是何键先生,北方有宋哲元先生。何键先生本年在三中全会提出一个明令读经的议案,他的办法大致是要儿童从小学到中学十二年之间,读《孝经》,《孟子》,《论语》,《大学》,《中庸》。到了大学,应选读他经。冀察两省也有提倡小学中学读经的办法。

学校读经的问题,傅孟真先生在两年前的《大公报》星期论文(二十四年四月七日)里曾有很详细的讨论(转载在《独立评论》一四六号)。他先从历史上考察,指出三项事实:(一)中国历史上的伟大朝代创业都不靠经学,而后来提倡经学之后,国力往往衰弱;汉唐宋明都是实例。(二)经学在过去的社会里,有装点门面之用,并没有修齐治平的功效;五经的势力在政治上远不如《贞观政要》，在宗教道德上远不如《太上感应篇》。(三) 各个时代所谓经学，其实都只是每个时代的哲学；汉宋学者都只是用经学来傅会他们自己的时代思想；我们在今日要想根据五经来造这时代哲学是办不到的了。

傅先生又从现在事实上立论，指出两点：(一) 现在儿童的小学中学课程已太繁重了，决不可再加上难读的经书了。(二) 经过这三百年来的朴学时代，我们今日应该充分承认六经的难读："六经虽在专门家手中也是半懂半不懂的东西，一旦拿来给儿童，教者不是浑沌混过，便要自欺欺人。"

傅孟真先生是经史学根柢最深的人，他来讨论这读经问题，正是专家说内行话，句句值得提倡读经的人仔细考虑。当时我十分赞同傅先生的议论，我也在《独立评论》上（第一四六号）发表了一篇《我们今日还不配读经》（收在《胡适论学近著》第一集里），特别引申他的最后一段议论。我指出近几十年来的"新经学"的教训是要我们知道古代经书的难读。博学如王国维先生，也不能不承认"以弟之愚暗，于《书》所不能解者殆十之五，于《诗》亦十之一二"。(《观堂集林》卷一,《与友人论〈诗〉〈书〉中成语》)我举了许多例子，说明古经典在今日还正在开始受科学的整理的时期。我当时说：

《诗》,《书》,《易》,《仪礼》,固然有十之五是不能懂的,《春秋三传》也都有从头整理研究的必要,就是《论语》《孟子》也至少有十分之一二是必须经过新经学的整理的。最近一二十年中,学校废止了读经的工课,使得经书的讲授完全脱离了村学究的胡说,渐渐归到专门学者的手里,这是使经学走上科学的路的最重要的条件。二三十年后,新经学的成绩积聚的多了,也许可以稍稍减低那不可懂的部分,也许可以使几部重要的经典都翻译成人人可解的白话,充作一般成人的读物。在今日妄谈读经,或提倡中小学读经,都是无知之谈,不值得通人的一笑。

这都是两年前的老话。不幸我们说的话,提倡读经的文武诸公都不肯垂听。他们偏不肯服从"知之为知之,不知为不知"的古训,很轻率的把几百万儿童的学校课程,体力脑力,都看作他们可以随便逞胸臆支配的事。我们有言责的人,对于这种轻率的行为不能不指摘,对于这种重要问题不能不郑重讨论。

我现在用很简单的语言,表明我个人对于学校读经问题的见解:

第一,我们绝对的反对小学校读经。这是三十多年来教育家久已有定论的问题,不待今日再仔细讨论。小学一律用国语教本,这是国家的法令,任何区域内任何人强迫小学校用古文字的经典教学,就是违背国家法令,破坏教育统一,这是政府应该明令禁止的。何况今日的小学教员自己本来就没有受过读经的教育,如何能教儿童读经?

第二,初中高中的选读古文,本来没有不许选读古经传文字的规定,所以中学教本中,不妨选读古经传中容易了解的文字。今日初中读本往往选《孟子》《论语》《诗经》《左传》《礼记》,高中读本竟有选到《尚书》《小雅》《大雅》的。中学选读古经传,有几点必须特别注意:(一)中学选古经传,必须限于那些学者公认为可解的部分。今日有些选本实在选的不妥当,例如傅东华先生的《高中国文》第一册就选了《小雅》的《六月》和大雅的《民劳》,这正是王国维先生一流学者认为不易解的部分(例如《民劳》的诗的"泆"字,"式"字,傅君皆无注。今年中央研究院丁声树先生发表专文释"式"字,是为此字第一次得着科学的解释)。(二)中学选古经传的文字,与其他子史集部的文字同等,都是把他们看作古人的好文字,都是选来代表一个时代的好文学,都不是"读经"的功课。例如孟子《鱼我所欲也》一章,是最恳切哀艳的美文,无论他是经是传是文集,都应该选读。我们把经史子集里的一切好文章都一律平等看待,使青年学子知道古经传里也有悱恻哀艳的美文,这是引导青年读古经最有效的法门。(三)如果中学生被这些经传美文引诱去读《四书》《诗经》等书，教师应该鼓励他们，指示他们的途径，给他们充分的帮助。但我们绝对反对中学有"读经"的专课，因为古经传（包括《孝经》《四书》）的大部分是不合现代生活的，是十二岁到十七八岁（中学年龄）的一般孩子们不能充分了解的。我们都是尝过此中甘苦的人，试问我们十几岁时对于"天命之谓性""上天之载无声无臭"一类的话作何了解！我们当时只须读几本官板经书，不妨糟蹋一点时间去猜古谜；现在的儿童应该学的东西太多了，他们的精力不可再浪费了！

最后，我有一个愚见，要奉劝今日提倡读经文武诸公。诸公都是成年的人了，大可以读经了，不妨多费一点工夫去读读诸公要小孩子读的圣贤经传。不但一读再读，还应该身体力行。诸公最应该读的，第一是《孝经》的第十五章：圣人说：

> 昔者天子有诤臣七人，虽无道，不失其天下。诸侯有诤臣五人，虽无道，不失其国。大夫有诤臣三人，虽无道，不失其家。士有诤友，则身不离于令名。父有诤子，则身不陷于不义。

诸公试自省，诸公有几个诤臣呢？第二应该读的是《论语》第十三篇的"定公问一言而可以兴邦"一章，特别是那一章的下半截：

曰,"一言而丧邦,有诸?"

孔子对曰,"言不可若是其几也。人之言曰,'予无乐乎为君,为其言而莫予违也'。如其善而莫之违也,不亦善乎?如不善而莫之违也,不几乎一言而丧邦乎?"

诸公试自省,诸公提一案,下一令,影响到几百万儿童的学业体力,而诸公属下专司教育的厅长局长是不是都唯唯诺诺奉命唯谨呢?这是不是已到了"不善而莫之违"的程度呢?诸公读的圣贤经传,难道不记忆了吗?

廿六,四,十四夜
(原载1937年4月18日天津《大公报》星期论文,又载1937年4月25日《独立评论》第231号)

我们今日还不配读经

傅孟真先生昨天在《大公报》上发表星期论文,讨论学校读经的问题,我们得了他的同意,转载在这一期(《独立》第一四六号)里。他这篇文章的一部分是提倡读经的诸公所能了解(虽然不肯接受)的。但是其中最精确的一段,我们可以预料提倡读经的文武诸公决不会了解的。那一段是:

> 经过明末以来朴学之进步,我们今日应该充分感觉六经之难读。汉儒之师说既不可恃,宋儒的臆想又不可凭,在今日只有妄人才敢说诗书全能了解。有声音文字训诂学训练的人是深知"多闻阙疑""不知为不知"之重要性的。那么,今日学校读经,无异于拿些教师自己半懂半不懂的东西给学生。……六经虽在专门家手中也是半懂半不懂的东西,一旦拿来给儿童,教者不是浑沌混

过,便要自欺欺人。这样的效用,究竟是有益于儿童的理智呢,或是他们的人格?

孟真先生这段话,无一字不是事实。只可惜这番话是很少人能懂的。今日提倡读经的人们,梦里也没有想到五经至今还只是一半懂得一半不懂得的东西。这也难怪。毛公、郑玄以下,说《诗》的人谁肯说《诗》三百篇有一半不可懂?王弼、韩康伯以下,说《易》的人谁肯说《周易》有一大半不可懂?郑玄、马融、王肃以下,说《书》的人谁肯说《尚书》有一半不可懂?古人且不谈,三百年中的经学家,陈奂、胡承珙、马瑞辰等人的《毛诗》学,王鸣盛、孙星衍、段玉裁、江声、皮锡瑞、王先谦诸人的《尚书》学,焦循、江藩、张惠言诸人的《易》学,又何尝肯老实承认这些古经他们只懂得一半?所以孟真先生说的"六经虽在专门家手中也是半懂半不懂的东西",这句话只是最近二三十年中的极少数专门家的见解,只是那极少数的"有声音文字训诂学训练的人"的见解。这种见解,不但陈济棠、何键诸公不曾梦见,就是一般文人也未必肯相信。

所以我们在今日正应该教育一般提倡读经的人们,教他们明白这一点。这种见解可以说是最新的经学,最新的治经方法。始创新经学的大师是王国维先生,虽然高邮王氏父子在一百多年前早已走上这条新经学的路了。王国维先生说：

> 《诗》、《书》为人人诵习之书，然于六艺中最难读。以弟之愚暗，于《书》所不能解者殆十之五；于《诗》，亦十之一二。此非独弟所不能解也，汉、魏以来诸大师未尝不强为之说，然其说终不可通。以是知先儒亦不能解也。（《观堂集林》卷一，《与友人论诗书中成语书》）

这是新经学开宗明义的宣言，说话的人是近代一个学问最博而方法最缜密的大师，所以说的话最有分寸，最有斤两。科学的起点在于求知，而求知的动机必须出于诚恳的承认自己知识的缺乏。古经学所以不曾走上科学的路，完全由于汉、魏以来诸大师都不肯承认古经的难懂，都要"强为之说"。南宋以后，人人认朱子、蔡沈的《集注》为集古今大成的定论，所以经学更荒芜了。顾炎武以下，少数学者走上了声音文字训诂的道路，稍稍能补救宋、明经学的臆解的空疏。然而他们也还不肯公然承认他们只能懂得古经的一部分，他们往往不肯抛弃注释全经的野心。浅识的人，在一个过度迷信清代朴学的空气里，也就纷纷道听途说，以为经过了三百年清儒的整理，五经应该可以没有疑问了。谁料到了这三百年的末了，王国维先生忽然公开揭穿了这张黑幕，老实的承认，《诗经》他不懂的有十之一二，《尚书》他不懂的有十之五。王国维尚且如此说，我们不可以请今日妄谈读经的诸公细细想想吗？

何以古经这样难懂呢？王国维先生说：

> 其难解之故有三：讹阙，一也（此以《尚书》为甚）。古语与今语不同，二也。古人颇用成语，其成语之意义与其中单语分别之意义又不同，三也。
>
> 唐、宋之成语，吾得由汉、魏、六朝人书解之；汉、魏之成语，吾得由周、秦人书解之。至于《诗》、《书》，则书更无古于是者。其成语之数数见者，得比较之而求其相沿之意义。否则不能赞一辞。若但合其中之单语解之，未有不龃龉者。（同上书）

王国维说的三点，第一是底本，第二是训诂，第三还是训诂。其实古经的难懂，不仅是单字，不仅是成语，还有更重要的文法问题。前人说经，都不注意古文语法，单就字面作诂训，所以处处"强为之说"，而不能满人意。王念孙、王引之父子的《经传释词》，用比较归纳的方法，指出许多前人误认的字是"词"（虚字），这是一大进步。但他们没有文法学的术语可用，只能用"词""语词""助词""语已词"一类笼统的名词，所以他们的最大努力还不能使读者明了那些做古文字的脉络条理的"词"在文法上的意义和作用。况且他们用的比较的材料绝大部分还是古书的文字，他们用的铜器文字是绝少的。这些缺陷，现代的学者刚刚开始弥补：文法学的知识，从《马氏文通》以来，因为有了别国文法作参考，当然大进步了；铜器文字的研究，在最近几十年中，已有了长足的进展；甲骨文字的认识又使古经的研究添出了不少的比较的材料。所以今日可说是新经学的开始时期。路子有了，方向好像也对了，方法好像更精细了，只是工作刚开始，成绩还说不上。离那了解古经的时期，还很远哩！

　　正因为今日的工具和方法都比前人稍进步了，我们今日对于古经的了解力的估计，也许比王国维先生的估计还要更小心一点，更谦卑一点。王先生说他对《诗经》不懂的有十之一二，对《尚书》有十之五。我们在今日，严格的估计，恐怕还不能有他那样的乐观。《尚书》在今日，我们恐怕还不敢说懂得了十之五。《诗经》的不懂部分，一定不止十之一二，恐怕要加到十之三四吧。这并不是因为我们比前人更笨，只是因为我们今日的标准更严格了。试举几个例来做说明。(1)《大诰》开篇就说：

> 王若曰，猷大诰尔多邦。

《微子之命》开篇也说：

> 王若曰，猷殷王元子。

《多方》开篇也说：

> 周公曰，王若曰，猷告尔四国多方。

　　这个"猷"字，古训作"道"，清代学者也无异说。但我们在今日就不能这样轻轻的放过他了。（2）又如"弗""不"两个字，古人多不曾注意到他们的异同，但中央研究院的丁声树先生却寻出了很多的证据，写了两万多字的长文，证明这两个否定词在文法上有很大的区别，"弗"字是"不之"两字的连合省文，在汉以前这两字是从不乱用的。（3）又如《诗》、《书》里常用的"诞"字，古训作"大"，固是荒谬；世俗用作"诞生"解，固是更荒谬；然而王引之《经传释词》里解作"发语词"，也还不能叫人明白这个字的文法作用。燕京大学的吴世昌先生释"诞"为"当"，然后我们懂得"诞弥厥月"就是当怀胎足月之时；"诞寘之隘巷""诞昆之平林"就是当把他放在陾巷平林之时。这样说去，才可以算是认得这个字了。(4) 又如《诗经》里常见的"于以"二字：

于以采苹，南涧之滨。
于以采藻，于彼行潦。
于以采蘩，于沼于沚。
于以用之，公侯之事。
于以求之，于林之下。

"于以"二字，谁不认得？然而清华大学的杨树达先生指出这个"以"字应解作"何"字，就是"今王其如台"的"台"字。这样一来，我们只消在上半句加个疑问符号（？），如下例：

于以求之？于林之下。
于以采蘩？于沼于沚。

这样说经，才可算是"涣然冰释，怡然顺理"了。

我举的例子，都是新经学提出的小小问题，都是前人说经时所忽略的，所认为不须诂释的。至于近二三十年中新经学提出的大问题和他们的新解决，那都不是这篇短文里说得明白的，我们姑且不谈。

总而言之，古代的经典今日正在开始受科学的整理的时期，孟真先生说的"六经虽在专门家手中也是半懂半不懂的东西"，真是最确当的估计。《诗》，《书》，《易》，《仪礼》，固然有十之五是不能懂的，《春秋三传》也都有从头整理研究的必要；就是《论语》、《孟子》也至少有十之一二是必须经过新经学的整理的。最近一二十年中，学校废止了读经的工课，使得经书的讲授完全脱离了村学究的胡说，渐渐归到专门学者的手里，这是使经学走上科学的路的最重要的条件。二三十年后，新经学的成绩积聚的多了，也许可以稍稍减低那不可懂的部分，也许可以使几部重要的经典都翻译成人人可解的白话，充作一般成人的读物。

在今日妄谈读经，或提倡中小学读经，都是无知之谈，不值得通人的一笑。

二十四，四，八

（原载1935年4月14日《独立评论》第146号）

写在孔子诞辰纪念之后

我们家乡有句俗话说:"做戏无法,出个菩萨。"编戏的人遇到了无法转变的情节,往往请出一个观音菩萨来解围救急。这两年来,中国人受了外患的刺激,颇有点手忙脚乱的情形,也就不免走上了"做戏无法,出个菩萨"的一条路。这本是人之常情。西洋文学批评史也有 deusex machina 的话,译出来也可说,"解围无计,出个上帝"。本年五月里美国奇旱,报纸上也曾登出旱区妇女孩子跪着祈祷求雨的照片。这都是穷愁呼天的常情,其可怜可恕,和今年我们国内许多请张天师求雨或请班禅喇嘛消灾的人,是一样的。

这种心理,在一般愚夫愚妇的行为上表现出来,是可怜而可恕的;但在一个现代政府的政令上表现出来,是可怜而不可恕的。现代政府的责任在于充分运用现代科学的正确智识,消极的防患除弊,积极的兴利惠民。这都是一点一滴的工作,一尺一步的旅程,这里面绝对没有一条捷径可以偷度。然而我们观察近年我们当政的领袖好像都不免有一种"做戏无法,出个菩萨"的心理,想寻求一条救国的捷径,想用最简易的方法做到一种复兴的灵迹。最近政府忽然手忙脚乱的恢复了纪念孔子诞辰的典礼,很匆遽的颁布了礼节的规定。8月27日,全国都奉命举行了这个孔诞纪念的大典。在每年许多个先烈纪念日之中加上一个孔子诞辰的纪念日,本来不值得我们的诧异。然而政府中人说这是"倡导国民培养精神上之人格"的方法;舆论界的一位领袖也说:"有此一举,诚足以奋起国民之精神,恢复民族的自信。"难道世间真有这样简便的捷径吗?

我们当然赞成"培养精神上之人格","奋起国民之精神,恢复民族的自信"。但是古人也曾说过:"礼乐所由起,百年积德而后可兴也。"国民的精神,民族的信心,也是这样的;他的颓废不是一朝一夕之故,他的复兴也不是虚文口号所能做到的。"洙水桥前,大成殿上,多士济济,肃穆趋跄"(用8月27日《大公报》社论中语);四方城市里,政客军人也都率领着官吏士民,济济跄跄的行礼,堂堂皇皇的演说,——礼成祭毕,纷纷而散,假期是添了一日,口号是添了二十句,演讲词是多出了几篇,官吏学生是多跑了一趟,然在精神的人格与民族的自信上,究竟有丝毫的影响吗?

那一天《大公报》的社论曾有这样一段议论：

> 最近二十年，世变弥烈，人欲横流，功利思想如水趋壑，不特仁义之说为俗诽笑，即人禽之判亦几以不明，民族的自尊心与自信力既已荡然无存，不待外侮之来，国家固早已濒于精神幻灭之域。

如果这种诊断是对的，那么，我们的民族病不过起于"最近二十年"，这样浅的病根，应该是很容易医治的了。可惜我们平日敬重的这位天津同业先生未免错读历史了。《官场现形记》和《二十年目睹之怪现状》描写的社会政治情形，不是中国的实情吗？是不是我们得把病情移前三十年呢？《品花宝鉴》以至《金瓶梅》描写的也不是中国的社会政治吗？这样一来，又得挪上三五百年了。那些时代，孔子是年年祭的，《论语》、《孝经》、《大学》是村学儿童人人读的，还有士大夫讲理学的风气哩！究竟那每年"洙水桥前，大成殿上，多士济济，肃穆趋跄"，曾何补于当时的惨酷的社会，贪污的政治？

我们回想到我们三十年前在村学堂读书的时候，每年开学是要向孔夫子叩头礼拜的；每天放学，拿了先生批点过的习字，是要向中堂（不一定有孔子像）拜揖然后回家的。至今回想起来，那个时代的人情风尚也未见得比现在高多少。在许多方面，我们还可以确定的说："最近二十年"比那个拜孔夫子的时代高明的多多了。这二三十年中，我们废除了三千年的太监，一千年的小脚，六百年的八股，四五百年的男娼，五千年的酷刑，这都没有借重孔子的力量。八月二十七那一天汪精卫先生在中央党部演说，也指出"孔子没有反对纳妾，没有反对蓄奴婢；如今呢，纳妾蓄奴婢，虐待之固是罪恶，善待之亦是罪恶，根本纳妾蓄奴婢便是罪恶。"汪先生的解说是："仁是万古不易的，而仁的内容与条件是与时俱进的。"这样的解说毕竟不能抹煞历史的事实。事实是"最近"几年中，丝毫没有借重孔夫子，而我们的道德观念已进化到承认"根本纳妾蓄奴婢便是罪恶"了。

平心说来，"最近二十年"是中国进步最速的时代；无论在智识上，道德上，国民精神上，国民人格上，社会风俗上，政治组织上，民族自信力上，这二十年的进步都可以说是超过以前的任何时代。这时期中自然也有不少的怪现状的暴露，劣根性的表现，然而种种缺陷都不能减损这二十年的总进步的净赢余。这里不是我们专论这个大问题的地方。但我们可以指出这个总进步的几个大项目：

第一，帝制的推翻，而几千年托庇在专制帝王之下的城狐社鼠，——一切妃嫔，太监，贵胄，吏胥，捐纳，——都跟着倒了。

第二，教育的革新。浅见的人在今日还攻击新教育的失败，但他们若平心想想旧教育是些什么东西，有些什么东西，就可以明白这二三十年的新教育，无论在量上或质上都比三十年前进步至少千百倍了。在消极方面，因旧教育的推倒，八股，骈文，律诗，等等谬制都逐渐跟着倒了；在积极方面，新教育虽然还肤浅，然而常识的增加，技能的增加，文字的改革，体育的进步，国家观念的比较普遍，这都是旧教育万不能做到的成绩。（汪精卫先生前天曾说："中国号称以孝治天下，而一开口便侮辱人的母亲，甚至祖宗妹子等。"试问今日受过小学教育的学生还有这种开口骂人妈妈妹子的国粹习惯吗？）

第三，家庭的变化。城市工商业与教育的发展使人口趋向都会，受影响最大的是旧式家庭的崩溃，家庭变小了，父母公婆与族长的专制威风减削了，儿女宣告独立了。在这变化的家庭中，妇女的地位的抬高与婚姻制度的改革是五千年来最重大的变化。

第四，社会风俗的改革。小脚，男娼，酷刑等等，我已屡次说过了。在积极方面，如女子的解放，如婚丧礼俗的新试验，如青年对于体育运动的热心，如新医学及公共卫生的逐渐推行，这都是古代圣哲所不曾梦见的大进步。

第五，政治组织的新试验。这是帝制推翻的积极方面的结果。二十多年的试验虽然还没有做到满意的效果，但在许多方面（如新式的司法，如警察，如军事，如胥吏政治之变为士人政治）都已明白的显出几千年来所未曾有的成绩。不过我们生在这个时代，往往为成见所蔽，不肯承认罢了。单就最近几年来颁行的新民法一项而论，其中含有无数超越古昔的优点，已可说是一个不流血的绝大社会革命了。

这些都是毫无可疑的历史事实，都是"最近二十年"中不曾借重孔夫子而居然做到的伟大的进步。革命的成功就是这些，维新的成绩也就是这些。可怜无数维新志士，革命仁人，他们出了大力，冒了大险，替国家民族在二三十年中做到了这样超越前圣，凌驾百王的大进步，到头来，被几句死书迷了眼睛，见了黑旋风不认得是李逵，反倒唉声叹气，发思古之幽情，痛惜今之不如古，梦想从那"荆棘丛生，檐角倾斜"的大成殿里抬出孔圣人来"卫我宗邦，保我族类！"这岂不是天下古今最可怪笑的愚笨吗？

文章写到这里，有人打岔道："喂，你别跑野马了。他们要的是'国民精神上之人格，民族的自信'。在这'最近二十年'里，这些项目也有进步吗？不借重孔夫子，行吗？"

什么是人格？人格只是已养成的行为习惯的总和。什么是信心？信心只是敢于肯定一个不可知的将来的勇气。在这个时代，新旧势力，中西思潮，四方八面的交攻，都自然会影响到我们这一辈人的行为习惯，所以我们很难指出某种人格是某一种势力单独造成的。但我们可以毫不迟疑的说：这二三十年中的领袖人才，正因为生活在一个新世界的新潮流里，他们的人格往往比旧时代的人物更伟大：思想更透辟，知识更丰富，气象更开阔，行为更豪放，人格更崇高。试把孙中山来比曾国藩，我们就可以明白这两个世界的代表人物的不同了。在古典文学的成就上，在世故的磨炼上，在小心谨慎的行为上，中山先生当然比不上曾文正。然而在见解的大胆，气象的雄伟，行为的勇敢上，那一位理学名臣就远不如这一位革命领袖了。照我这十几年来的观察，凡受这个新世界的新文化的震撼最大的人物，他们的人格都可以上比一切时代的圣贤，不但没有愧色，往往超越前人。老辈中，如高梦旦先生，如张元济先生，如蔡元培先生，如吴稚晖先生，如张伯苓先生；朋辈中，如周诒春先生，如李四光先生，如翁文灏先生，如姜蒋佐先生：他们的人格的崇高可爱敬，在中国古人中真寻不出相当的伦比。这种人格只有这个新时代才能产生，同时又都是能够给这个时代增加光耀的。

我们谈到古人的人格，往往想到岳飞、文天祥和晚明那些死在廷杖下或天牢里的东林忠臣。我们何不想想这二三十年中为了各种革命慷慨杀身的无数志士！那些年年有特别纪念日追悼的人们，我们姑且不论。我们试想想那些为排满革命而死的许多志士，那些为民十五六年的国民革命而死的无数青年，那些前两年中在上海在长城一带为抗日卫国而死的无数青年，那些为民十三以来的共产革命而死的无数青年，——他们慷慨献身去经营的目标比起东林诸君子的目标来，其伟大真不可比例了。东林诸君子慷慨抗争的是"红丸"，"移宫"，"妖书"等等米米小的问题；而这无数的革命青年慷慨献身去工作的是全民族的解放，整个国家的自由平等，或他们所梦想的全人类社会的自由平等。我们想到了这二十年中为一个主义而从容杀身的无数青年，我们想起了这无数个"杀身成仁"中国青年，我们不能不低下头来向他们致最深的敬礼；我们不能不颂赞这"最近二十年"是中国史上一个精神人格最崇高，民族自信心最坚强的时代。他们把他们的生命都献给了他们的国家和他们的主义，天下还有比这更大的信心吗？

凡是咒诅这个时代为"人欲横流，人禽无别"的人，都是不曾认识这个新时代的人：他们不认识这二十年中国的空前大进步，也不认识这二十年中整千整万的中国少年流的血究竟为的是什么。

可怜的没有信心的老革命党呵！你们要革命，现在革命做到了这二十年的空前大进步，你们反不认得它了。这二十年的一点进步不是孔夫子之赐,是大家努力革命的结果,是大家接受了一个新世界的新文明的结果。只有向前走是有希望的。开倒车是不会有成功的。

你们心眼里最不满意的现状,——你们所咒诅的"人欲横流,人禽无别"——只是任何革命时代所不能避免的一点附产物而已。这种现状的存在,只够证明革命还没有成功,进步还不够。孔圣人是无法帮忙的;开倒车也决不能引你们回到那个本来不存在的"美德造成的黄金世界"的!养个孩子还免不了肚痛,何况改造一个国家,何况改造一个文化?别灰心了,向前走罢!

二十三,九,三夜

(原载1934年9月9日《独立评论》第117号)

慈幼的问题

我的一个朋友对我说过一句很深刻的话："你要看一个国家的文明，只消考察三件事：第一，看他们怎样待小孩子；第二，看他们怎样待女人；第三，看他们怎样利用闲暇的时间。"

这三点都很扼要，只可惜我们中国禁不起这三层考察。这三点之中，无论那一点都可以宣告我们这个国家是最野蛮的国家。我们怎样待孩子？我们怎样待女人？我们怎样用我们的闲暇工夫？——凡有夸大狂的人，凡是夸大我们的精神文明的人，都不可不想想这三件事。

其余两点，现今且不谈，我们来看看我们怎样待小孩子。

从生产说起。我们到今天还把生小孩看作最污秽的事，把产妇的血污看作最不净的秽物。血污一冲，神仙也会跌下云头！这大概是野蛮时代遗传下来的迷信。但这种迷信至今还使绝大多数的人民避忌产小孩的事,所以"接生"的事至今还在绝无知识的产婆的手里,手术不精,工具不备,消毒的方法全不讲究,救急的医药全不知道。顺利的生产有时还不免危险,稍有危难的证候便是有百死而无一生。

生下来了,小孩子的卫生又从来不讲究。小孩总是跟着母亲睡,哭时便用奶头塞住嘴,再哭时便摇他,再哭时便打他。饮食从没有分量,疾病从不知隔离。有病时只会拜神许愿,求仙方,叫魂,压邪。中国小孩的长大全是靠天,只是徼幸长大,全不是人事之功。

小孩出痘出花,都没有科学的防卫。供一个"麻姑娘娘",供一个"花姑娘娘",避避风,忌忌口;小孩子若安全过去了,烧香谢神;小孩子若遇了危险,这便是"命中注定"!

普通人家的男孩子固然没有受良好教育的机会,女孩子便更痛苦了。女孩子到了四五岁,母亲便把她的脚裹扎起来,小孩疼的号哭叫喊,母亲也是眼泪直滴。但这是为女儿的终身打算,不可避免的,所以母亲噙着眼泪,忍着心肠,紧紧地扎缚,密密地缝起,总要使骨头扎断,血肉干枯,变成三四寸的小脚,然后父母才算尽了责任,女儿才算有了做女人的资格!

孩子到了六七岁以上,女孩子固然不用进学堂去受教育,男孩子受的教育也只是十分野蛮的教育。女孩在家里裹小脚,男孩在学堂念死书。怎么"念死书"呢?他们的文字都是死人的文字,字字句句都要翻译才能懂,有时候翻译出来还不能懂。例如《三字经》上的"苟不教",我们小孩子念起来只当是"狗不叫",先生却说是"倘使不教训"。又如《千字文》上的"天地玄黄,宇宙洪荒",我从五岁时读起,现在做了十年大学教授,还不懂得这八个字究竟说的是什么话!所以叫做"念死书"。

因为念的是死书,所以要下死劲去念。我们做小孩子时候,天刚亮,便进学堂去"上早学",空着肚子,鼓起喉咙,念三四个钟头才回去吃早饭。从天亮直到天黑,才得回家。晚上还要"念夜书"。这种生活实在太苦了,所以许多小孩子都要逃学。逃学的学生,捉回来之后,要受很严厉的责罚,轻的打手心,重的打屁股。有许多小孩子身体不好的,往往有被学堂磨折死的,也有得神经病终身的。

这是我们怎样待小孩子!

我们深深感谢帝国主义者,把我们从这种黑暗的迷梦里惊醒起来。我们焚香顶礼感谢基督教的传教士带来了一点点西方新文明和新人道主义,叫我们知道我们这样待小孩子是残忍的,惨酷的,不人道的,野蛮的。我们十分感谢这班所谓"文化侵略者"提倡"天足会"、"不缠足会",开设新学堂，开设医院，开设妇婴医院。

我们用现在的眼光来看他们的工作，他们的学堂不算好学堂，他们的医院也不算好医院。但是他们是中国新教育的先锋，他们是中国"慈幼运动"的开拓者，他们当年的缺陷，是我们应该原谅宽恕的。

几十年来，中国小孩子比较的减少了一点痛苦，增加了一点乐趣。但"慈幼"的运动还只在刚开始的时期，前途的工作正多，前途的希望也正大。我们在这个时候，一方面固然要宣传慈幼运动的重要，一方面也应该细细计划慈幼事业的问题和他们的下手方法。中华慈幼协济会的主持人已请了许多专家分任各种问题的专门研究，我今天也想指出慈幼事业的几个根本问题，供留心这事的人的参考。

我以为慈幼事业在今日有这些问题：

(1) 产科医院和"巡行产科护士"（Visiting nurses）的提倡。产科医院的设立应该作为每县每市的建设事业的最紧急部分，这是毫无可疑的。但欧美的经验使我们知道下等社会的妇女对于医院往往不肯信任，她们总不肯相信医院是为她们贫人设的，她们对于产科医院尤其怀疑畏缩。所以有"巡行护士"的法子，每一区区域内有若干护士到人家去访问视察，得到孕妇的好感，解释她们的怀疑，帮助她们解除困难，指点她们讲究卫生。这是慈幼事业的根本要着。

（2）儿童卫生固然重要，但儿童卫生只是公共卫生的一个部分。提倡公共卫生即是增进儿童卫生。公共卫生不完备，在蚊子苍蝇成群的空气里，在臭水沟和垃圾堆的环境里在浓痰满地病菌飞扬的空气里，而空谈慈幼运动，岂不是一个大笑话？

（3）女子缠足的风气在内地还不曾完全消灭，这也是慈幼运动应该努力的一个方向。

（4）慈幼运动的中心问题是养成有现代知识训练的母亲。母亲不能慈幼，或不知怎样慈幼，则一切慈幼运动都无是处。现在的女子教育似乎很忽略这一方面，故受过中等教育的女子往往不知道怎样养育孩子。上月西湖博览会的卫生馆有一间房子墙上陈列许多产科卫生的图画，和传染病的图画。我看见一些女学生进来参观，她们见了这种图画往往掩面飞跑而过。这是很可惜的。女子教育的目的固然是要养成能独立的"人"，同时也不能不养成做妻做母的知识。从前昏谬的圣贤说，"未有学养子而后嫁者也"。现在我们正要个个女子先学养子，学教子，学怎样保卫儿童的卫生，然后谈恋爱，择伴侣。故慈幼运动应该注重（甲）女学的扩充，（乙）女子教育的改善。

（5）儿童的教育应该根据于儿童生理和心理。这是慈幼运动的一个基本原则。向来的学堂完全违背儿童心理，只教儿童念死书，下死劲。近年的小学全用国语教课，减少课堂工作，增加游戏运动，固然是一大进步。但我知道各地至今还有许多小学校不肯用国语课本，或用国语课本而另加古文课本；甚至于强迫儿童在小学二三年级作文言文，这是明明违背民国十一年以来的新学制，并且根本不合儿童生理和心理。慈幼的意义是改善儿童的待遇，提高儿童的幸福。这种不合儿童生理和心理的学校，便是慈幼运动的大仇敌，因为他们的行为便是虐待儿童，增加学校生活的苦痛。他们所以敢于如此，只因为社会上许多报纸和政府的一切法令公文都还是用死文字做的，一般父兄恐怕儿女不懂古文将来谋生困难，故一些学校便迎合这种父兄心理，加添文言课本，强迫作文言文。故慈幼运动者在这个时候一面应该调查各地小学课程，禁止小学校用文言课本或用文言作文；一面还应该为减少儿童痛苦起见，努力提倡国语运动，请中央及各地方政府把一切法令公文改成国语，使顽固的父兄教员无所借口。这是慈幼运动在今日最应该做而又最容易做的事业。

十八年十月

教育破产的救济方法还是教育

我们中国人有一种最普遍的死症,医书上还没有名字,我姑且叫他做"没有胃口"。无论什么好东西,到了我们嘴里,舌头一舔,刚觉有味,才吞下肚去,就要作呕了。胃口不好,什么美味都只能"浅尝而止",终不能下咽,所以我们天天皱起眉头,做出苦样子来,说:没有好东西吃!这个病症,看上去很平常,其实是死症。

前些年,大家都承认中国需要科学;然而科学还没有进口,早就听见一班妄人高唱"科学破产"了;不久又听见一班妄人高唱"打倒科学"了。前些年,大家又都承认中国需要民主宪政;然而宪政还没有入门,国会只召集过一个,早就听见一班"学者"高唱"议会政治破产""民主宪政是资本主义的副产物"了。

更奇怪的是今日大家对于教育的不信任。我做小孩子的时候,常听见人说这类的话:"普鲁士战胜法兰西,不在战场上而在小学校里。""英国的国旗从日出处飘到日入处,其原因要在英国学堂的足球场上去寻找。"那时的中国人真迷信教育的万能!山东有一个乞丐武训,他终身讨饭,积下钱来就去办小学堂;他开了好几个小学堂,当时全国人都知道"义丐武训"的大名。这件故事,最可以表示那个时代的人对于教育的狂热。民国初元,范源濂等人极力提倡师范教育,他们的见解虽然太偏重"普及"而忽略了"提高"的方面,然而他们还是向来迷信教育救国的一派的代表。民国六年以后,蔡元培等人注意大学教育,他们的弊病恰和前一派相反,他们用全力去做"提高"的事业,却又忽略了教育"普及"的方面。但无论如何,范、蔡诸人都还绝对信仰教育是救国的唯一路子。民八至民九,杜威博士在中国各地讲演新教育的原理与方法,也很引起了全国人的注意。那时阎锡山在娘子关内也正在计划山西的普及教育,太原的种种补充小学师资的速成训练班正在极热烈的猛进时期,当时到太原游览参观的人都不能不深刻的感觉山西的一班领袖对于普及教育的狂热。

曾几何时,全国人对于教育好像忽然都冷淡了!渐渐的有人厌恶教育了,渐渐的有人高喊"教育破产"了。

从狂热的迷信教育,变到冷淡的怀疑教育,这里面当然有许多复杂的原因。第一是教育界自己毁坏他们在国中的信用：自从民八双十节以后北京教育界抬出了"索薪"的大旗来替代了"造新文化"的运动，甚至于不恤教员罢课至一年以上以求达到索薪的目的，从此以后，我们真不能怪国人瞧不起教育界了。第二是这十年来教育的政治化，使教育变空虚了；往往学校所认为最不满意的人，可以不读书，不做学问，而仅仅靠着活动的能力取得禄位与权力；学校本身又因为政治的不安定，时时发生令人厌恶的风潮。第三，这十几年来（直到最近时期），教育行政的当局无力管理教育，就使私立中学与大学尽量的营业化；往往失业的大学生与留学生，不用什么图书仪器的设备，就可以挂起中学或大学的招牌来招收学生；野鸡学校越多，教育的信用当然越低落了。第四，这十几年来，所谓高等教育的机关，添设太快了，国内人才实在不够分配，所以大学地位与程度都降低了，这也是教育招人轻视的一个原因。第五，粗制滥造的毕业生骤然增多了，而社会上的事业不能有同样速度的发展，政府机关又不肯充分采用考试任官的方法，于是"粥少僧多"的现象就成为今日的严重问题，做父兄的，担负了十多年的教育费，眼见子弟拿着文凭寻不到饭碗，当然要埋怨教育本身的失败了。

这许多原因（当然不限于这些），我们都不否认。但我要指出,这种种原因都不够证成教育的破产。事实上,我们今日还只是刚开始试办教育,还只是刚起了一个头,离那现代国家应该有的教育真是去题万里!本来还没有"教育"可说,怎么谈得到"教育破产?"产还没有置,有什么可破?今日高唱"教育破产"的妄人,都只是害了我在上文说的"没有胃口"的病症。他们在一个时代也曾跟着别人喊着要教育,等到刚尝着教育的味儿,他们早就皱起眉头来说教育是吃不得的了!我们只能学耶稣的话来对这种人说:"啊!你们这班信心浅薄的人啊!"

我要很诚恳的对全国人诉说:今日中国教育的一切毛病,都由于我们对教育太没有信心,太不注意,太不肯花钱。教育所以"破产",都因为教育太少了,太不够了。教育的失败,正因为我们今日还不曾真正有教育。

为什么一个小学毕业的孩子不肯回到田间去帮他父母做工呢?并不是小学教育毁了他。第一,是因为田间小孩子能读完小学的人数太少了,他觉得他进了一种特殊阶级,所以不屑种田学手艺了。第二,是因为那班种田做手艺的人也连小学都没有进过,本来也就不欢迎这个认得几担大字的小学生。第三,他的父兄花钱送他进学堂,心眼里本来也就指望他做一个特殊阶级,可以夸耀邻里,本来也就最不指望他做块"回乡豆腐干"重回到田间来。

对于这三个根本原因，一切所谓"生活教育""职业教育"，都不是有效的救济。根本的救济在于教育普及，使个个学龄儿童都得受义务的（不用父母花钱的）小学教育；使人人都感觉那一点点的小学教育并不是某种特殊阶级的表记，不过是个个"人"必需的东西，——和吃饭睡觉呼吸空气一样的必需的东西。人人都受了小学教育，小学毕业生自然不会做游民了。

中学教育和大学教育的许多怪现状，也不会是教育本身的毛病，也往往是这个过渡时期（从没有教育过渡到刚开始有教育的时期）不可避免的现状。因为教育太希有，太贵；因为小学教育太不普及，所以中等教育更成了极少数人家子弟的专有品，大学教育更不用说了。今日大多数升学的青年，不一定都是应该升学的，只因为他们的父兄有送子弟升学的财力，或者因为他们的父兄存了"将本求利"的心思勉力借贷供给他们升学的。中学毕业要贴报条向亲戚报喜，大学毕业要在祠堂前竖旗杆，这都不是今日已绝迹的事。这样希有的宝贝（今日在初中的人数约占全国人口一千分之一；在高中的人数约占全国人口四千分之一；在专科以上学校的人数约占全国人口一万分之一！）当然要高自位置，不屑回到内地去，宁作都市的失业者而不肯做农村的导师了。

今日中等教育与高等教育所以还办不好，基本的原因还在于学生的来源太狭，在于下层的教育基础太窄太小，（十九年度全国高中普通科毕业生数不满八千人，而二十年度专科以上学校一年级新生有一万五千多人！）来学的多数是为熬资格而来，不是为求学问而来。因为要的是资格，所以只要学校肯给文凭便有学生。因为要的是资格，所以教员越不负责任，越受欢迎，而严格负责的训练管理往往反可以引起风潮；学问是可以牺牲的，资格和文凭是不可以牺牲的。

欲要救济教育的失败，根本的方法只有用全力扩大那个下层的基础，就是要下决心在最短年限内做到初等义务教育的普及。国家与社会在今日必须拼命扩充初等义务教育，然后可以用助学金和免费的制度，从那绝大多数的青年学生里，选拔那些真有求高等知识的天才的人去升学。受教育的人多了，单有文凭上的资格就不够用了，多数人自然会要求真正的知识与技能了。

这当然是绝大的财政负担，其经费数目的伟大可以骇死今日中央和地方天天叫穷的财政家。但这不是绝不可能的事。在七八年前，谁敢相信中国政府每年能担负四万万元的军费？然而这个巨大的军费数目在今日久已是我们看惯毫不惊讶的事实了！

所以今日最可虑的还不是没有钱，只是我们全国人对于教育没有信心。我们今日必须坚决的信仰：五千万失学儿童的救济比五千架飞机的功效至少要大五万倍！

二十三，八，十七
（原载1934年8月19日《大公报·星期论文》，又载1934年8月27日《国闻周报》第11卷第34期）

从私立学校谈到燕京大学

詹詹女士在《吾人对于外人设立的学校应负的责任》一文中,指出近年国内的教会学校因受美国经济恐慌影响,经费上很困难,因为这些学校若因经费不足而衰歇,受其影响的还是我们本国的青年,所以中国政府与社会应该尽力援助。她特别提起燕京大学百万基金的募集,希望社会人士热心赞助这百万基金的成功。我很赞成詹詹女士的意思,所以也想补充几句话。

最近教育部有一个补助私立大学的计划,每年准备提出国币七十万元,补助有成绩的私立大学。这是最值得赞颂的一件事,我们切盼他的早日实现。凡是好的学校,都是国家的公益事业,都应该得国家社会的热心赞助。学校只应该分好坏,不应该分公私。在英美两国,私立学校最发达,社会所最信任的大学往往是私立的。这些私立大学往往能得着政府绝大的援助，社会上人士也最热心捐助。最有趣味的一个例子就是我的母校康南尔大学（Cornell University），原来是一个私人康南尔捐钱创立的，但创办之初就请得联邦政府的一大批兴学公地作为基金的一部分。后来纽约省政府要提倡农业教育，就把"省立农科学院"附设在康南尔大学；后来又把"省立兽医学院"也附设在那边。一个私立大学里有两个省立的学院，这是最可效法的事。最近我国教育部有在南京设立一个女子大学的提议，大可效法康南尔大学之办法，把这国立女子大学和金陵女子大学合在一处，增加其经费，扩大其名额，就叫做"金陵大学内的国立女子大学"，岂不是更经济的办法？又如河北省立各学院，除工学院外，成绩都不算好。其中一部分也许可以归并到私立有成绩的南开大学，也就可以叫做"南开大学内的河北省立某学院"，岂不也是更经济的办法吗？

至于我国私人捐款兴学，从前往往爱单独行动，自立门户，另挂招牌。在从前只须有房子（或租房子），有教员，有学生，就可以叫做大学了，所以这些春笋般的私立大学居然可以存在。现在大家渐渐明白大学不是这样容易办的了，政府的法令也不许私人随便挂大学招牌了，这条路是走不通的了。以后私人若有财力兴办教育事业，都应该捐助已有成绩的学校，不问是国立公立或私立。钱多的可以改造一个大学，如煤油大王罗克斐洛的改造芝加哥大学；次多的可以改造某大学的某一学系，如赛箕（Sage）的担负康南尔大学的整个哲学系的讲座与助学金（至今此系的讲座名为赛箕讲座，助学金皆名为赛箕助学金）；钱少的也可以专补助某一校的某一个部分，如吴鼎昌先生的捐赠南开大学经济学系助学金额。这样方才可以积少成多，使已有成绩的学校变为更有成绩。已故江苏督军李纯自杀时，遗嘱将遗产的一部分捐赠南开大学，此君虽是武人，其聪明远过于后来许多自办大学的政客了。近闻宋子文先生捐赠巨款为约翰大学造图书馆，这也是值得提倡的一个好榜样。总之，以后私人兴学已很难独立创办一个好大学了，都应该用他们的余力扶助已有成绩的好学校。

私立学校之中，有教会与非教会的两大类。在十年前，这个区别是很明显的，因为教会学校有他的特别性质：一是因财源出于外国教会的捐助，所以管理权全属于外国人，二是抱有传教的目标，三是本国文字往往太不注意。但在最近几年中，这些特别色彩渐渐变淡了。国民政府成立以来，私立学校都受限制，一切教会学校，除约翰大学抗不受命外，都换了中国校长，董事会也都有了多数的中国人，虽然因为财政来源未改，中国校长与董事都还往往无多大的实权，但这几年的改革已有很明显的进步。传教的目标，也因受法令的干涉而减轻了；在一些开明的教会大学里，这个目标已渐渐不存在了（上星期辅仁大学毕业生七十六人中，只有十六人是天主教徒，这在天主教的大学里是很可注意的事。在新教教会的大学里，教徒的比例远在这个比例之下）。至于本国文字的被忽略，在十年前还是不可避免的事实。这十余年来，燕京大学首先提倡，南北各教会大学都受国立大学的影响，所以岭南大学，金陵大学，齐鲁大学，辅仁大学，福州协和大学，都渐渐注重中国文史的教学。所以今日我们已不能概括的讥笑教会大学不注重中国文字了。所以在今日教会大学已渐渐失去了他们的特殊色彩（中等以下的教会学校，因为原设立的教会往往是顽固孤陋的小教会，所以除大都市外，还有许多是没有受近十余年的新潮流的洗刷的），今日的教会大学和其他的私立学校已没有多大的分别，只是在财政上比较安定，在校址校舍上比较弘丽整洁，在管理上比较严格，在体育上比较发达而已。他们的长处我们应该充分认识，他们的困难我们也应该充分救济。往日的教会大学所以能得社会信用，其最大原因还在财源之比较宽裕而安定，不须全靠学宿费作开销。近年世界经济萧条，传教的热诚与服务的公心都抵不住金钱的贫乏，何况我们的法令又不许他们用学校作传教的工具，所以教会的捐款更减缩了。财源动摇的结果，我们政府与社会若不加救济，难道要逼他们学野鸡大学的倚靠学生缴费来作开销吗？所以我以为今日政府应该认清这些比较有成绩的教会大学值得补助救济的。社会的经济状况还不曾到慷慨捐助私立大学的程度,燕京大学百万基金募集的困难,可以为证。即使捐得百万基金,每年平均收入也不过七万元,在燕大每年九十万元的预算中只占得一个很小的部分。政府今日真能每年提出七十万元作补助金,其功用等于私立大学筹得一千万元的基金。在政府所费甚少,在各私立大学所受恩赐已很多了。

最后,我要借此替燕京大学说几句话。燕京大学成立虽然很晚,但他的地位无疑的是教会学校的新领袖的地位。约翰东吴领袖的时期已过去了。燕京大学成立于民国七年,正当北京大学的蔡元培时代,所以燕大受北大的震荡最厉害。当时一班顽固的基督教传教士都认北大所提倡的思想解放运动为于宗教大不利的。有几个教士竟在英文报纸上发表文字,攻击北大的新领袖;有一篇文字题为"三无主义"(A-three-ism),说北大提倡的是"无政府,无家庭,无上帝",其危险等于洪水猛兽。但是一班比较开明的基督教徒,如燕京大学之司徒雷登先生与博晨光先生,如协和医学校的一班教员,都承认北大提倡的运动是不能轻易抹煞的;他们愿意了解我们,并且愿意同我们合作。几个公共朋友奔走的结果,就在民国八年的春天,约了一日在西山卧佛寺开一个整天的谈话会。北大方面到的有蔡元培先生,李大钊先生,陶孟和先生,顾孟余先生和我;基督教徒到了二三十人。上午的会上，双方各说明他们在思想上和宗教信仰上的立场；下午的会上讨论的是"立场虽然不同，我们还能合作吗？"结论是我们还可以在许多社会事业上充分合作。十五年来，基督教的一班领袖，在司徒雷登先生的领导之下，都极力求了解中国新兴的思想潮流与社会运动，他们办的学校也极力求适合于中国的新社会。有时候，他的解放往往引起他们国内教会中保守派的严厉责备和批评。近年中国的教会学校中渐渐造成了一种开明的，自由的学风，我们当然要归功于燕大的领袖之功。

上文曾说到教会大学近年注重中国文史的教学，在这一方面，燕京大学也是最有功的领袖。我记得十多年前，司徒雷登先生有一天来看我，谈起燕大要改革中国文学系，想请周作人先生去做国文教授，要我给他介绍。我当然很高兴的介绍他和周先生相见，后来周先生就做了燕大国文系的第一个新教授。后来燕大得着美国铝大王霍尔（Hall）的遗产的一部分，与哈佛大学合作，提倡中国文史的研究，吸引的中国学者更多，渐渐成为中国文史研究的一个中心。其影响所及，金陵，岭南，齐鲁，都成立了比较新式的中国文史教学机关。今日在辅仁大学领导中国学的陈垣先生，当年也是燕大的一个国学领袖。如果这些教会大学不曾受美国经济恐慌的恶影响，也许他们在这一方面的成就还更大哩。

我觉得燕京大学在这十几年中的努力,是最值得国家与社会的援助的,所以我把我所知道的一些事实写出来,作为詹詹女士的文字的一点点补充。

(原载1934年7月8日《独立评论》第108号)